HERMANN POPPELBAUM
Im Kampf um ein neues Bewußtsein

Hermann Poppelbaum

Im Kampf um ein neues Bewußtsein

Spiritualität als Zeitforderung
und das Widersacherwirken

Verlag am Goetheanum

3., durchgesehene Auflage 1991
Einbandgestaltung von Gabriela de Carvalho
© Copyright 1991 by Philosophisch-Anthroposophischer Verlag am Goetheanum, CH-4143 Dornach. Alle Rechte vorbehalten.
Satz: Utesch Satztechnik GmbH, Hamburg
Druck und Bindung: Freiburger Graphische Betriebe
ISBN 3-7235-0602-X

Inhalt

Vorwort	7
Im Kampf um ein neues Bewußtsein und Gegenwirkungen durch Presseerzeugnisse	9
Sport und geistige Schülerschaft	23
Bewußtseinstrübung durch technische Vorgänge, insbesondere den Film	32
Gedächtnis, Gedächtnispflege und Gedächtnisruinierung, etwa durch Kreuzworträtsel	49
Erinnerung, Traum und Imagination – die malende Tätigkeit der Seele	62
Gewissen und Inspiration – das Geistgehör des Menschen	72
Sittliche Freiheit und Intuition – der Mut zum Neuen	82
Der Ausgangspunkt Rudolf Steiners und die Menschheitsgeschichte	90
Arabismus – Darwinismus: Der Wiederverkörperungsaspekt	101
Weg und Abweg der Geistesschau – Goethe und Oken	117
Ist die Maschine dämonisch?	134
Pflanze, Tier, Mensch – Metamorphose und Wiederverkörperung	147
Anmerkungen	163

Vorwort zur zweiten Auflage

Der ernste Mahnruf, der in den folgenden Aufsätzen schon in den dreißiger Jahren an unsere Zeit gerichtet wurde, hat durch die inzwischen über die Welt hingegangene Kriegskatastrophe nicht an Aktualität eingebüßt. Er ist, im Gegenteil, heute noch viel dringlicher geworden.

Was damals als Symptom noch von wenigen erkannt wurde, ist heute vielen Menschen in bestürzender Weise klar geworden, nämlich daß eine Abnahme der menschlichen Erkenntniskräfte droht, falls nicht ganz bestimmte Bemühungen unternommen werden, sie zu einer höheren Stufe weiterzuentwikkeln.

Für die kommenden *neuen* Erkenntniskräfte wollte sich der Verfasser dieser Aufsätze einsetzen, als der Kreis derer, die dafür Verständnis entwickeln konnten, noch klein war. Inzwischen ist die Zahl der Menschen, die – besonders in Mitteleuropa – den Weg zum Werk Rudolf Steiners suchen und damit an dem Kommen eines neuen Bewußtseins teilhaben wollen, außerordentlich gewachsen. Aber es mehren sich auch die Anzeichen, daß die Kräfte, die sich dem neuen Bewußtsein entgegensetzen, ebenfalls nicht ruhen, sondern größere Anstrengungen als je zuvor machen, seine Entfaltung zu verhindern, wie es in den ersten Aufsätzen hier geschildert ist.

Da der «Kampf um ein neues Bewußtsein» also nicht nachlassen, sondern noch heftiger entbrennen wird, bedarf dieses Buch keiner besonderen Rechtfertigung mehr. Es ist aber nicht in polemischer Absicht, sondern in helfender geschrieben. Es legt daher den Hauptwert darauf, daß der Leser zunächst erkenne, wo die neuen Kräfte zu finden sind, und dann sich daran mache, sie zu stärken und fortzuentwickeln. Der Keim zu ihnen liegt ja in jedem Menschen der heutigen Zeit.

Im August 1948 *Hermann Poppelbaum*

Im Kampf um ein neues Bewußtsein und Gegenwirkungen durch Presseerzeugnisse

Wo ein Kind geboren werden soll, sind um das Lager der Mutter helfende Kräfte tätig. Sie wollen das ihre zu einer gesunden Geburt des neuen Wesens tun. Wo etwas Geistiges geboren werden soll, machen sich um das Lager auch hemmende Kräfte zu schaffen. Sie arbeiten darauf hin, daß die Geburt hintertrieben oder das Geborene krank wird. Aber sie gehören zu der Geburt hinzu. Hierin unterscheidet sich das geistige Zurweltkommen vom physischen.

In unserer Zeit soll aus dem gegebenen Bewußtseinszustand ein neuer geboren werden; eine völlige Verwandlung der Seelen ist im Gange. Da spielt sich ein Kampf mit hemmenden Kräften ab – aber *dieser Kampf ist der Geburtsakt selber.*

Das neue Bewußtsein, das heraufkommen will, braucht das alte – wie das Kind den Mutterschoß. Aber es braucht auch die widerstrebenden Mächte. Sie sind die unfreiwilligen Helfer. Wenn wirklich die Neugeburt der menschlichen Innenverfassung schon im Gang ist, dann kann man diese hemmenden Helfer geradezu aufsuchen, weil sie die Stelle anzeigen, an der das Neue zutage tritt. Sind sie gefunden, so verraten sie, was sie verhindern wollen. Und so müssen sie in diesem Sinn noch wider Willen dienen.

Wer einer vergangenen Geisteshaltung mit solchem Blick begegnet, wird sie als Mutterschoß niemals anders als nachsichtig und eigentlich dankbar betrachten können, wie viele Hemmnisse und Feindschaften gegen das Neue sie auch immer enthalten haben möge. So konnte *Rudolf Steiner* das neunzehnte Jahrhundert verstehen und sogar lieben, obwohl dessen Grundhaltung der seinen entgegenstand und er vierzig Jahre alt hatte werden müssen, um erst an der Schwelle eines neuen

Jahrhunderts das Werk zu beginnen, das im Schoß der «materialistischen Epoche» gereift war. Niemals hat er das neunzehnte Jahrhundert verachtet oder gescholten, wie so viele Kleinere vor und nach ihm.

*

Es bleibt das Verdienst dieser vergangenen Zeit, die man die nachgoethische nennen kann, daß sie mit der *Ausbildung des vollen Tagesbewußtseins* Ernst gemacht hat. Niemand kann die Eigenart einer kommenden neuen Bewußtseinsstufe fassen, der nicht vom Verständnis der seelisch-geistigen Alltagsverfassung ausgehen will. Die Hinwendung zur sichtbaren Seite der Welt war rückhaltlos. Sie ist damals mit einer Entschlossenheit vollzogen worden, die alle Irrtümer geadelt hat. Von diesem Vorbild kann jede künftige Zeit, wie anders ihre Ziele auch sein werden, nur lernen.

Zweierlei ist für dieses gewöhnliche Tagesbewußtsein (Wachbewußtsein) bezeichnend. *Von außen* her wird es von der Fülle der Sinneseindrücke überflutet, die von der Seele entgegengenommen werden und die sie zu einem «Sinnesteppich» zusammenwebt. Dieser Teppich ist durch eine unbemerkte Tätigkeit der Seele zur Ruhe gebracht. Seine Bestandteile haben ihren Ort, den sie nicht tauschen können, und eine sichere Entfernung vom Subjekt, die sie nicht verringern können. Sobald die Wachheit nachläßt, wird das anders. Der deutliche, ruhende Teppich hält uns im Wachen. In ihm blicken wir das zur Ruhe gekommene und zum Schein gewordene Bild der äußeren Welt an.

Von innen her ist das Wachbewußtsein zum Punkt der Ich-Wahrnehmung verdichtet: dies ist der andere Pol, der zum bunten Sinnesteppich hinzugehört. Die Wachheit hält sich an beiden aufrecht. Bei genauerer Betrachtung erweist sich das innere Widerlager als etwas Fließendes: es ist der Strom der persönlichen Erinnerungen, der da die Grenze bildet. Auch dieser Strom muß lückenlos sein, um der Wachheit zu dienen. Es gehört zu den Bedingungen des Tagesbewußtseins, daß die Erinnerung eine Ganzheit darstellt – oder wenigstens den Anschein davon, denn die Nächte unterbrechen ja regelmäßig die scheinbare Kontinuität. Nach innen blickend haben wir nur dann die Stütze, die wir suchen, wenn wir in den emportauchenden Erinnerungen unsere eigenen Erlebnisse wiedererkennen.

Wie in den Außenbildern kein eigenmächtiges Eingreifen des Subjekts am Platz ist, sondern nur hingebendes Entgegennehmen, so ist der innere Halt nur wirksam, wenn in ihm nichts mitwirkt, was nicht einmal menschliches Eigenerlebnis gewesen ist.

Die geistig-seelische Existenz des Tages-Ich verläuft im Pendelschlag zwischen dem Anschauen des (lückenlosen) Sinnesteppichs und der (pausenlosen) Kontinuität des Erinnerungsstroms. In diesem Tagesdasein erwirbt sich der Mensch Gaben, die er auf andere Weise nicht im Erdenfeld finden könnte: nach außen Wachheit und nach innen Freiheit (die eine Wachheit für das eigene Sein ist).

*

Nun ist es eine Lebensbedingung des Tagesbewußtseins, daß die beiden Seiten wirklich *dicht halten*.

Nach außen mußte der Mensch lernen, nichtsinnliche Eindrücke aus dem Außenweltsbild wegzulassen. Vergangene Zeitalter waren an solchen Eindrücken reich. Selbst im Mittelalter hörte der Mensch in der Natur noch Elementarwesen raunen. Erst die Neuzeit verlor diese Fähigkeiten. (Daß der moderne Mensch die alten Wahrnehmungen für Irrtümer hält, ist eine Sache für sich. Das Wesentliche bleibt, daß sie aus dem Bild der Außenwelt *getilgt* wurden.) Das Tagesbewußtsein duldet nicht den Einschlag des ehemaligen Schauens ins Übersinnliche; es könnte mit ihm nicht wach bleiben.

Nach innen mußten die Geheimnisse, die ahnungsvoll mit dem Ich verbunden gefühlt wurden, schweigen lernen. Auch im heutigen Menschen raunen sie noch. Aber ihre Verdrängung aus dem Tagesbewußtsein ist eine Existenzfrage der Alltagspersönlichkeit. Sie fände sich in ihrer Unabhängigkeit bedroht.

Berechtigt und ein Zeichen geistiger Gesundheit ist daher die Scheu vor Defekten im Sinnesteppich, durch die ein Unzuverlässiges und Illusionäres hereinbrechen könnte. Und ebenso richtig ist es, sich vor einem Durchbruch des Erinnerungszusammenhaltes zu hüten, weil dann Mächte sich erheben könnten, um den Menschen aus seiner selbstverantwortlichen Stellung zu verdrängen.

Nachlässigkeit auf einem dieser beiden Gebiete, nach außen oder nach innen, wäre gewiß kein gutes Zeichen. Es spricht sehr für das vorige Jahrhundert, daß es in beiderlei Hinsicht abwehrte und weder von einer Welt «hinter den Sinnen» noch von einer Welt «unter der Erinnerung» etwas wissen wollte. Wenn auch die berechtigte Ablehnung zu einer grundsätzlichen *Ableugnung* überspannt wurde, so hatten doch diese Leugner einen gesünderen Erkenntnisinstinkt als alle die, welche sich das Eindringen in die dunkel gewordenen Untergründe und Hintergründe allzu leicht denken und unbekümmert an die Bedingungen des Tagesbewußtseins rühren, ohne an die Folgen zu denken.

Die Zeit ist jedoch reif geworden, dass wir von den inzwischen verschlossen gewesenen Gebieten wissen, also mehr erfahren können, als bloße Vermutungen des gewöhnlichen Bewußtseins zu geben vermöchten. Aber wirkliches Wissen können wir uns nur noch denken, wenn die beiden kostbarsten Gaben des Tagesbewußtseins erhalten bleiben: Wachheit und Verantwortung. Diese müßten, gleich dem feinsten Auszug der mütterlichen Kräfte in das Kind, in das kommende neue Bewußtsein übergehen. Die *Wachheit* auch über die Sinnesgrenzen hinaus gewährleisten und die *Verantwortung* auch im Hereintritt noch so vieler neuer Impulse aufrechterhalten, diese Forderungen müssen unerbittlich bleiben.

Rudolf Steiner hat in seiner Anthroposophie mit diesen Forderungen gerechnet und einem jeden Menschen geholfen, sie zu erfüllen. Doch ist die Not inzwischen noch größer geworden. Mit berechtigtem Schrecken kann man bemerken, wie unaufhaltsam sich die Grundlagen des Tagesbewußtseins gelockert haben. Kein Zweifel: gewisse Mächte arbeiten unablässig, um die Stützen eben jenes Wachzustandes zu untergraben, dessen beste Gaben der Mensch sich bewahren sollte. Es ist also keine Zeit zu verlieren.

Der Sinnesteppich unterliegt – jeder kann es bemerken – einer unfreiwilligen Auflockerung. Diese zerstörende Wirkung dringt aus den Einrichtungen der technischen Umgebung, aus dem wachsenden Wirrwarr der großstädtischen Geschehnisse, aus der fortschreitenden Mechanisierung des beruflichen «Betriebs» unaufhaltsam auf uns ein. Ein Überangebot von Eindrücken der Sinne rüttelt unablässig an dem Zusammenhalt unseres wahrnehmenden Wesens. Der Mensch von heute ist nur noch mit großer Mühe imstande, die wesentlichsten Sinneserlebnisse entgegenzunehmen und sie mit wachem Denken zu durchdringen. Es ergeben sich unvermeidliche Lücken.

Man möge sich im gegebenen Augenblick nur vergegenwärtigen, wie wenig von den alltäglichen technischen Einrichtungen von uns voll begriffen wird: bei vielen Menschen beginnt das Nichtverstehen schon bei der elektrischen Lichtanlage. Auch hier also sind Lücken und stets wachsende.

Die Fülle dessen, was außerhalb der wachen Wahrnehmung bleibt, ist viel größer als noch vor wenigen Jahrzehnten. Und die Reichweite des denkerischen Durchdringens unseres Lebensraumes ist viel geringer geworden.

Was aber das Schlimmste ist: man nimmt dies alles hin. Man findet es in Ordnung, das Wissen von technischen Einrichtungen dem Handwerker und «Fachmann» zu überlassen. Man leistet immer mehr Verzicht auf den geistigen Besitz von Dingen, mit denen man ständig zu tun hat. Die «Lücken» sind keine Mahnung mehr, sondern werden vergessen, weil sie peinlich sind. Wundert man sich, wenn sie das Bewußtsein in diesem abgesunkenen Zustand ankränkeln?

Das Nichtzurechtkommen des überbeanspruchten Stadtmenschen, seine sogenannte Nervosität, offenbart sich bis in die Bewegungen des Körpers hinein als «Fahrigkeit». Wenn es noch nicht an allzuvielen Menschen sichtbar geworden ist, so kann man doch gewiß sein, daß diese verhängnisvolle Kränkung uns alle schon mehr oder weniger erfaßt hat. Wir können uns dieser zerstörerischen Einwirkung gar nicht ohne weiteres entziehen, und sie leugnen, hieße, ihr erst recht freie Bahn machen.

Es ist kaum aufzuzählen, was alles an dieser Durchlöcherung

unseres gesunden Verhältnisses zur Außenwelt arbeitet, was uns *unwach* machen will bis in unser *Urteilen* hinein. Nur eine einzige Zeitung braucht man zur Hand zu nehmen und die Folge der Artikel sich zu Gemüte führen. Unbarmherzig sinnlos stürmt es auf den Menschen ein. Da beginnen vier oder gar fünf Aufsätze auf der Vorderseite, um ja ihre Überschriften gegeneinander ausspielen zu können (die Fortsetzung ist dann auf den späteren Seiten mit einiger Mühe zu finden), dazwischen kommen alle möglichen Bildwiedergaben, ohne jeden Zusammenhang eingestreut. Auf den illustrierten Blättern sind sie mit erbarmungsloser Inkonsequenz zusammengedrängt: ein Festbankett, das Porträt eines Einbrechers, der neueste Träger des Nobelpreises, eine Szene von einem Erdbeben, eine altertümliche Kostbarkeit, der jüngste Sohn des Thronfolgers, das Wrack eines Flugzeugs... Das strömt in den lesenden – und oft schon ermüdeten – Menschen gnadenlos hinein, unablässig sein waches Urteil zerstörend, weil die Einzelheiten in der Eile gar nicht voll durchlebt werden können. Es haften in ihm bestenfalls die Schlagzeilen oder einige Phrasen, die in ihm hinuntergleiten, gespenstisch, unüberschaubar, in eine fragliche Region hinein, die sie ohne sein Wissen festhält.

Das ist auf der einen Seite die unheimliche Nahrung eines *Nicht-Menschlichen* in uns allen, das, dem Tageslicht entzogen, parasitisch in uns wächst! Kein Wunder, wenn wir uns «benommen» fühlen und, die steigende Entfremdung von der Außenwelt kaum beachtend, uns in Illusionen verspinnen. Denn wo kein offenes Mitleben mit der Tageswelt mehr stattfindet, da drängt sich aus dem *erkrankten Innern* ein anspruchsvoller Ersatz auf.

*

Auf der anderen Seite unseres Wesens ist ein entsprechender Schaden eingerissen: der *Ich-Untergrund* hat an Festigkeit verloren. Er hält nicht mehr dicht. Unser Eigenempfinden hat keinen genügenden Halt mehr daran. Der Erinnerungsstrom, die notwendige Stütze der Tagespersönlichkeit, wird lückenhaft. Durch das defekt gewordene Widerlager aber drängt sich, von unten vorstoßend, etwas nach oben, was *Nicht-mehr-Ich* ist, was sich aber anbietet als Ich, ein arrogantes Ersatz-Ich, genährt von eben jenen Wünschen und Illusionen, die in der Entfremdung von der Welt wuchern konnten.

Hier spielt sich jene unheimliche «Realisierung des Irrtums» ab: was ehedem eine falsche Theorie war, das Ich sei ein bloßes Wunschgebilde, fängt an, wahr zu werden, seit das Tages-Ich von jenem Pseudo-Ich verdrängt wird! Wirklich: das aus den Tageserlebnissen gewobene, auf die Erinnerungen gestützte Ich-Empfinden ist nicht mehr stark genug; – jetzt müßten aus dem eigentlichen Geistwesenskern des Menschen die Haltekräfte kommen –, aber da geschieht die heimtückische Substitution durch ein dem Leidenschafts- und Wunschwesen entsteigendes *Schein-Ich*.

Die Psychoanalyse hat dem theoretisch und praktisch vorgearbeitet. Jetzt laufen Hunderte von Menschen in sogenannte Erfolgsschulen, die ihnen die Wiederherstellung der Persönlichkeit versprechen. Wohl: hier wird den Menschen ein Halt gegeben, aber an einem fremden, eingepflanzten Wesen, das aus dem Drange des Sichdurchsetzens, aus Geltungsbedürfnis, das heißt eben aus dem nichtmenschlichen Leidenschaftsgebiete lebt. Die mangelnde Egoität wird durch eine salonfähige Brutalität ersetzt. Die Schüler verlassen dann diese Persönlichkeitsschule und berichten nach einiger Zeit befriedigt, wie sie sich «durchgesetzt» haben. Wie teuer sie ihre sogenannte Lebenssicherheit erkauft haben, ahnen sie wohl nicht. (Sie werden es später vielleicht erkennen – spätestens nach dem Tod.)

Der beginnende Mangel wird also von sehr vielen Menschen dumpf empfunden; sie spüren die fortschreitende Zerstörung der Sinnes- und Denkregion und die fortschreitende Unterhöhlung des gewöhnlichen Ich. Daraus ist zweierlei verständlich:

Das steigende Bedürfnis nach Erholung der Sinne und des Geistes «in der Natur draußen». In diesem Bedürfnis wurzeln die Impulse mehrerer in den letzten Jahrzehnten aufgekommener Bewegungen: vor allem der Jugendbewegung, dann aber auch – wenigstens teilweise – das «Siedeln» und die Gewohnheit, sein «Wochenende» draußen zu verbringen.[1] Es ist nicht nur Mode und Nachahmung, was diese Massenbewegung so anschwellen ließ. Wer von der Kränkung der Sinne und dem Minderwertigkeitsgefühl des Denkens in der Zivilisation weiß, blickt tiefer in solche Wandlungen und erkennt darin das Streben, den *defekt gewordenen Sinnenteppich wiederherzustellen* und teilzunehmen an einem geistdurchwobenen, von den Sinnen durchlebbaren Dasein. (Wohl gibt es auch der Natur gegenüber Erkenntnislücken, aber sie sind nicht peinlich und verschweigenswert, sondern fordern zu freudiger Bemühung auf.)

Auf die Wiederherstellung des Ich-Erlebnisses geht ein anders gerichtetes Bedürfnis: das nach Körperschulung und Sport[2]. Hier sucht der Mensch den verlorengegangenen «Halt» seines Eigenwesens durch eine stärkere Anlehnung an das Wahrnehmen des eigenen Leibes. Rudolf Steiner hat diese scheinbare Paradoxie zuerst ausgesprochen: das geistige Suchen nach einem verlorenen Rückhalt, der früheren Zeiten in ihrem religiösen Leben geschenkt war, greift in der heutigen Epoche nach dem Leib, um sich auf ihn zu stützen. Es ist dies die instinktive Geste des Menschen, der keine «Getragenheit von oben» mehr erlebt. Es bleibt darin ein zwar fehlgreifendes, aber deshalb nicht weniger inbrünstiges Geistesleben wirksam.

Aber diese Bemühungen reichen nicht mehr aus. Der vom «Wochenende» Zurückkommende sieht doppelt bedrückt die Trostlosigkeit der Stadt und seiner Arbeitsstätte, und der Sporttreibende bemerkt, daß der Rückgriff auf Körpergefühle die Menschenwürde nicht wiederherstellt, weil sie in dieser Sphäre noch träumt.

*

Ein stärkeres Sich-Wachhalten ist nötig, um der Zerreißung des Sinnesfeldes und dem Chaos des inneren Schauplatzes zu begegnen. Die Zerreißung bedroht den Menschen mit Irrsinn, und die innere Aufwühlung ist im Begriff, ihn zu brutalisieren. Dies ist, ohne Beschönigung geschildert, die Lage des gegenwärtigen Alltagsbewußtseins.

Es ist kaum zu fassen, daß hier Hoffnung auf Gesundung sein soll, ja mehr: daß in dieser bedenklichen Region ein *Neues* entstehen könnte. Und doch ist in all dieser Zerstückelung und Entfesselung die Ankündigung eines großen Schrittes nach vorwärts zu sehen, der in einer solch kritischen Lage vom menschlichen Bewußtsein gewagt werden muß. Man muß nur lernen, die Anzeichen zu lesen und in dem Zerfall die Stellen zu erkennen, wo das scheinbare Chaos sich zu einer Geburt anschickt.

In den von Rudolf Steiner empfohlenen Übungen der Seele liegt die Möglichkeit zum stufenweisen Überführen der krankwerdenden Impulse in das Werden eines neuen Zustandes. Die Menschheit soll den Schritt in ein *kommendes Bewußtsein* tun; aber es muß ein tätiger Schritt sein, sonst könnte – wir haben es angedeutet – ein Rückschritt geschehen.

Es sei nun also geschildert, wie die Anweisungen Rudolf Steiners (sie sind in dem Buch «Wie erlangt man Erkenntnisse der höheren Welten?» enthalten) als Hilfen für die geschilderte Lage des heutigen Bewußtseins aufgefaßt werden und wirken können.[3]

Ein *neues Verhältnis zur Sinnenwelt* wird zunächst gepflegt. Sorgfältige Beobachtung der Naturerscheinungen, hingebendes Aufnehmen der sich offenbarenden Naturwesen ist eine der Hauptbedingungen. Es kommt dabei auf eine lebhafte Teilnahme des ganzen Menschenwesens an solchen Beobachtungen an. Der beobachtende Mensch soll sich dabei von allem eigensüchtigen Mitsprechen bloß persönlicher Empfindungen freihalten, aber er soll dann «in aller Stille nachklingen lassen, was er erlebt hat».[4] Auf diese Weise wird das Erkenntnisvermögen gepflegt und gestaltet sich nach und nach zu einem Organ aus, das an dem Weisheitsgehalt der Welt gebildet ist wie, nach Goethes Ausdruck, das Auge am Licht. (Die Einzelheiten müssen in dem genannten Buch nachgelesen werden.)

Diese Übungen im Anschauen der Welt, im Hören auf Äußerungen ihrer Töne, der tierischen Stimme, der menschlichen Rede führen zu einer Verbundenheit, in der sich Beobachtung und Verstehen durchdringen. Das Eigenwesen des Menschen läutert sich durch das hingebende Lauschen und darf dann wieder *mitsprechen*. Es ist so objektiv geworden, wie der im Denken gefundene Begriff schon objektiv ist. Das *Innere* des

Menschen fängt an, zureichende Auskunft über die Welt zu geben, es ergreift den Teil von ihr, der den Sinnen entzogen ist und der doch untrennbar zu ihr gehört. (Goethe erfaßte so das seelische Ergänzungsstück der Farbeneindrücke in seiner «sinnlich-sittlichen Wirkung der Farbe».) Es ist dem heutigen Menschen vielleicht noch unvorstellbar, bis zu welchem Grade auf diesem Weg das Innenwesen zum objektiven Vermittler eines Teiles der Umwelt werden kann. Aber die Richtung wird schon von den ersten und einfachsten Erfahrungen gewiesen: es ist die in der Sinnenwelt wirksame Geistwelt selber, die sich den geläuterten Seelenorganen aufschließt.

(Das Gegenbild ist das Ansehen einer Filmvorführung, wo die Befangenheit in der Sinnesvorstellung sich noch steigert und kein geisterfülltes Seelenwahrnehmen von innen hinzukommt. Der Betrachter eines Films verfällt noch mehr einem unwachen, zersetzenden «Bloß-Anschauen» als der Betrachter der gewöhnlichen Welt. Er gerät in eine Sinnes- und Vorstellungsgefangenschaft, sitzt gleichsam seelisch in einer Isolierkammer, so wie er leiblich im verdunkelten Vorführungsraum sitzt.)[5]

Dieses neue Verhalten des Menschen läßt im Betrachten der Sinnenwelt die Anschauung der Geisteswelt aufdämmern. Der Sinnesteppich ist keine Schranke mehr, sondern eine Schrift, die wir zu verstehen anfangen; wir wollen ihn nicht mehr durchstoßen, sondern wir beginnen, ihn als Urkunde der Geisteswelt zu *lesen*.

Durch solche Studien wird also das dem unverdorbenen Menschen unbewußt geläufige, dem durch die Zivilisation aber erkrankten Menschen verlorengegangene durchgeistigte Verhältnis zur Außenwelt wiedergewonnen. Es ist aber zu einem wacheren Mitleben aufgeschlossen und deshalb gegen die zerstörerischen Angriffe, die wir schilderten, besser gewappnet. Es reift zu einem vollen, menschlich-gesättigten Zusammenleben mit den immer neuen Weisheitsoffenbarungen der außenmenschlichen Welt heran. Im Innern des Menschen ist ein Teil dieser Welt wieder entdeckt worden.

Es ist nun bedeutsam, daß Rudolf Steiner an anderen Stellen seines Werkes auch Hilfen gibt, die der Notlage des menschlichen Ich, wie wir sie oben schilderten, angemessen sind. Er hat einen Weg zum Erleben jenes eigentlichen, uns selber zunächst noch unbekannten Wesenskerns gezeigt, auf dem die untermenschlichen, sich als Ersatz-Ich anbietenden Mächte in ihrem anmaßenden Gebaren durchschaut und damit in ihre Schranken verwiesen werden. Aber nicht im «Blick ins Innere» ergibt sich das eigentliche Ich, sondern – höchst merkwürdig – in einer neue Anschauung der *Ereignisse*, die den Menschen scheinbar von *außen* her treffen.

Hier gilt es, eine gewisse Abgeklärtheit des Rückblicks auf das eigene Schicksal zu lernen. Solange man noch mit den Ereignissen selbst zu tun hat, verbinden sich lebhafte Neigungen und Abneigungen, glückseliges Bewillkommnen und heftige Abwehr mit ihnen; und es wäre überspannt, etwas anderes vom Menschen zu verlangen. Aber nach einer gewissen Zeitspanne, bei Alltagsereignissen schon am Abend, kann er betrachtend bei dem «Herankommen» der Begegnungen und Geschehnisse verweilen und kann empfinden, daß sie ihn nicht blind und sinnlos treffen. Vieles war ihm, als es sich ereignete, lästig, peinlich oder schmerzlich, was in der rückschauenden Besinnung sich anders ausnimmt und als eine heimliche Wohltat erweist. Eine «höhere Weisheit» als die seines Tages-Ich hat ihn da geführt – nicht nur im Vermeiden von Gefahren, wie die vulgäre Vorstellung vom Schutzengel meint, sondern gerade im *Hindurchführen* durch das Schmerzliche –, und er kann sich ohne Anmaßung sagen, daß etwas *in ihm* ist, was zu solcher wunderbaren Führung die Weisheit und Kraft besitzt. Dieses *höhere Ich* im Menschen schließt keinerlei Pakte mit seiner Bequemlichkeit oder theoretischen Vorhersage; es kümmert sich nicht darum, ob der Alltagsverstand meint, er habe dies oder jenes Bittere «nicht verdient»; es beschert ihm aber Freuden und Wohltaten unerwarteter Art und an ungeahnten Orten.

Es ist nicht nötig, hier Weiteres davon zu sagen. Was gemeint ist, ist wohl deutlich genug: die Fülle dessen, was wir im Leben tun, ohne es noch voll zu durchschauen, was wir erleben, ohne den Gehalt noch auszuschöpfen, und was wir erst später staunend *verstehen*, weist auf unser *geistiges Kernwesen*, das wir nicht erkennen können, wenn wir im Strome gegenwärtigen, von unklaren Wallungen getrübten Erlebens nur nach innen blicken. Indessen sehen wir an den in einige Ferne gerückten Linien des Lebensganges schon die Züge des Wesens, das wir eigentlich sind (und die wir froh sein dürfen, nicht ständig zu sehen, weil wir uns sonst ständig davor schämen müßten).

Nicht im Untermenschlichen ist das Ich verankert. Wohl liegt unser wahres Wesen unterhalb des Tageswissens, aber wenn es spricht (im Schicksal, das mich hierher brachte, hat es gesprochen), so ist darin nichts von wogenden Emotionen, heimlichen Bedürfnissen und versunkenen Erinnerungen, wie sie sich aus einem anderen, noch subjektiv-befangenen Teil des Unbewußtseins heraufdrängen. Erfaßt der Mensch nicht sein im Schicksalsgang tätiges wahres Ich und hat er nicht den Mut, sich mit ihm dankerfüllt zu identifizieren, dann fällt er jenem Heraufdrängenden anheim, das sich als *Schicksals-Surrogat* anbietet: der unverarbeiteten Begehrlichkeit oder einer vergessenen Schlagzeile (die nicht am Hüter verantwortlichen Urteils vorbeigegangen ist, sondern sich heimlich einschlich, als wir halbwach ein Bilderblatt lasen) oder einer in trüben Emotionen genährten Parole (die sehr «idealistisch» klingen mag!), die durch die defekt gewordene Erinnerungsschicht mit der Anmaßung, Schicksal zu formen, heraufbricht.[6] Um den Menschen vor dem Abgrund dieses substituierten Unter-Ichs zu retten, wies Rudolf Steiner den Blick nach außen, in die Wunder des «Gangs der Tage».

Darin liegt auf der einen Seite das Heilmittel gegen die Überwältigung des Wesenskernes, wie auf der anderen Seite die Zerstückelung des Erlebnisses «Welt» durch den Blick in die Tiefe seelischen Wahrnehmens geheilt wird, in der das Menscheninnere über die Natur auszusagen beginnt und in der ihr der den bloßen Sinnen verborgene Geistteil (den sie nie verlor!) wieder zugefügt wird. *Was von außen zersprengt war, wird wieder heil durch ein geläutertes Blicken ins Innere, und was von innen her ausgesogen wurde, wird geheilt durch den schicksalsdankbar gewordenen Blick nach außen.*

Dies will die Anthroposophie bringen: ein neues Wissen von der Welt in ihren Geistgründen und ein neues Wissen vom Menschenschicksal; jenes: befreit von verworrener Spekulation, und dieses: gereinigt von selbstsüchtiger Primitivität. Weil sie die im heutigen Menschen lebenden Sehnsüchte kennt, die nach solchem Wissen verlangen, hat sie die Wege dazu geöffnet. Weil sie aber auch die Gefahren kennt, die solche Wege bedrohen, gibt sie zugleich Hilfen, durch welche die Kräfte des suchenden Menschen erst reifen können. Ergreift der Suchende diese Hilfen, so wird sein Erkennen auf dem Übergang ins Übersinnliche nicht ins Haltlose zerflattern, und sein Handeln wird im Streben nach neuen und großen Antrieben nicht mehr dem Abgrundswirken gegenmenschlicher Mächte der Emotion und der Phrase zu verfallen brauchen.

Wir haben hier nicht über den Inhalt der Anthroposophie selber zu sprechen. Es galt bloß zu erweisen, wie eben die Zerstörungen, die im jetzigen Tagesbewußtsein wirken, auch mahnen, die besten Kräfte der abgelaufenen Geistepoche: *Wachheit* und *Freiheit* zu bewahren, weil diese Gaben die Stützen der kommenden Bewußtseinsform bilden müssen. Die Gegenmächte zeigen wirklich gerade durch die Stellen, auf die sie ihre Angriffe richten, an, wo die kostbarsten Errungenschaften der Vergangenheit sind, durch deren Verlust auch das entstehende Neue untergraben würde.

Es möge niemand denken, er «habe» Wachheit und Freiheit genug. Jeder muß sie aufs neue im Ernstfall (und jeder Erkenntnisaugenblick und jeder Tatentschluß ist ein solcher Ernstfall!) aufbringen. Und selbstverständlich sind auch die nicht gefeit, die sich Rudolf Steiners Werk als Lehre angeeignet haben: wenn jemals sie die alte Verfassung der angekränkelten Seele mitbringen, wird es sich schlimm auswirken: sie werden zum Beispiel in ungeschickter Weise die übersinnlichen Wahrnehmungen, von denen sie gelesen haben, in die Lücken des Sinnesteppichs hineinkorrigieren und diesen Teppich dadurch, anstatt ihn erst wiederherzustellen, nur noch trügerischer machen. Und es wird wenig nützen, wenn der Halt des Ich nachläßt, sich ein aus «anthroposophisch» formulierten Illusionen gezimmertes Ersatz-Ich zurechtzumachen, ein vornehm tönendes, aber doch aus Wünschen aufgebautes Wesen, das sich in eine prominente Kette von Verkörperungen hineingereiht fühlt! Es ist das Große an unserer Zeit, daß Rudolf Steiners Appell, sich für das kommende Bewußtsein recht zu rüsten, gleichmäßig an alle geht, die die Mängel des heutigen Seelenzustandes erleben, und daß keiner berechtigt ist zu meinen, für ihn sei der Kampf schon zugunsten des Neuen entschieden.

Das ist das Große an der Wandlung der Seelen- und Geistesverfassung, die wir durchleben, daß sich niemand den Gefahren entziehen kann, die diesen Umformungsschritt bedrohen. Aber da ist ein Trost in all den Schwierigkeiten: der Blick auf die außerordentlichen Widerstände kann nicht anders, als Zuversicht zu schöpfen.

Denn die Gegenmächte, die den Menschen bedrohen, würden nicht solche Kraftanstrengungen gerade auf Wachheit und Freiheit werfen, wenn nicht eben dort die kostbarsten Güter eines kommenden Bewußtseins im Anbruch wären. Und indem die Anthroposophie sich gerade an diese Gaben wendet, die so stark bedroht sind, und Mittel zur Heilung und zur gesunden Fortbildung der gefährdeten Kräfte aufweist, zeigt sie einer aufmerkenden Zeit, daß sie auf dem richtigen Weg ist.

Sport und geistige Schülerschaft

Es hilft nichts, im Gefühl der Überlegenheit den gewaltig angewachsenen Sportbetrieb als materialistische Leibesanbetung abzutun. Es gilt, auch bei solchen Zeiterscheinungen, deren Übertreibungen den Unwillen des sogenannten geistigen Menschen leicht erregen, auf die Untergründe zu dringen. Rudolf Steiner gab selber das Vorbild solchen verstehenden Erkennens. Und weiß denn der, der die Hinwendung zur Pflege und Übung der Leibeskräfte materialistisch schilt, so gewiß, ob er nicht ein viel ärgerer, dem Stoff verschriebener Philister ist als jener andere Mensch, der in einer Welt aufatmen will, die ihm nur die Bewegung seiner Glieder öffnen kann? Könnte solche «Erholung» nicht vielleicht *etwas viel Geistigeres* sein, als sie zunächst scheint?

Man ist genötigt, zu einer vertieften Auffassung des Zusammenwirkens von Menschenwesen und Menschenleib vorzudringen. Daß der Leib nichts «Ungeistiges» ist, ahnen heute viele. Aber man flüchtet zu oft zu der Halbwahrheit, daß er bloß «der nach außen gewandte Ausdruck der Seele» sei, das ist er auch – doch muß er viel mehr sein.

Nach welcher Richtung dieses Mehr liegt, erkennt man beim geisteswissenschaftlichen Blick auf eine frühe Vergangenheit; damals war der Leib noch Abbild höchster Schöpferwelten, dem keimhaften Seelenmenschen geschenkt. Er wurde dann schrittweise zum Werkzeug eines noch traumhaften Gewahrwerdens der Welt, eines naturgebundenen Schauens und triebhaft-weisen Verhaltens. Und erst in der Zeit seit dem Altertum wurde der Leib zum Träger einer selbstbewußten Einzelseele, die sich als von den Schöpferwelten abgetrenntes «Ich» erlebt und für ihre Willensimpulse eigene Verantwortung beansprucht. Auf jeder dieser Stufen ist der Leib Werkzeug und Unterlage eines sich wandelnden Bewußtseins. Erst auf der neuzeitlichen Stufe wird er nicht mehr als Geschenk erlebt, sondern als identisch mit dem Selbst.

Rudolf Steiner schildert die Regionen der Leiblichkeit (dies Wort im weitesten Sinne von allen «Hüllen» gebraucht), die nacheinander zur *Stütze des Bewußtseins* herangezogen wurden: erst die feinsten und geläutertsten, die er «Seelenleib» nennt, dann das organisch-aufbauende Lebenskräftegebiet (Ätherleib oder Lebensleib, auch Bildekräfteleib genannt) und zuletzt – in der heutigen Bewußtseinslage – erst der grobstoffliche, den gewöhnlichen Sinnen zugängliche «physische» Leib. Bei jeder Stufe des Bewußtseins muß also angegeben werden, wie tief es den Leib beansprucht und wie die verschiedenen Grade der Wachheit mit diesem Rückgriff auf den Leib zusammenhängen.

Das individuelle Menschenwesen macht einen entsprechenden Entwicklungsgang durch: es lebt zuerst in der auf den Empfindungsleib gestützten Empfindungsseele, dann erwirbt es die schon vom Denken durchlichtete, auf den Ätherleib sich stützende «Verstandes- oder Gemütsseele», um endlich die auf den physischen Leib gestützte «Bewußtseinsseele» auszubilden, die bezeichnende Seelenstruktur der Gegenwart. In dieser Bewußtseinsseele, die sich seit Beginn der Neuzeit durchsetzt, kommt das geistige Eigenwesen des Menschen zum Durchbruch, es erfaßt sich selbst und beansprucht eigenes Urteil und Selbstverantwortung. (Das Genauere ist aus den grundlegenden Büchern zu entnehmen.)

Beim heutigen Menschen sind also die «physischsten» Teile seiner Hüllennatur der Rückhalt seiner um ihr Eigenwesen ringenden Seele: eine Einsicht von noch unabsehbarer Tragweite. Hier ist auch, wie im folgenden gezeigt wird, ein tieferes Verständnis für das Phänomen des Sports zu finden.

Um aber möglichst nahe an der eigenen Erfahrung des Lesers zu bleiben, wähle man folgenden Weg:

Man beobachte zunächst die Entstehung des Bedürfnisses nach körperlicher Betätigung aus dem heutigen Leben heraus. Die Sinne des Auges und Ohres, der Geruch und Geschmack sind im Tages- und Berufsleben übermäßig beansprucht. Die anderen Eindrücke fallen (von wenigen Spezialberufen abgesehen) aus dem Bereich der bewußten Betätigung heraus und sind Nebenwirkungen des Berufsmilieus. Diese willentliche und unwillkürliche Überbeanspruchung der Sinne erzeugt das Bedürfnis nach einer Entspannung und Erholung in anderer Umgebung und unter anderen Bedingungen. Warum dies Bedürfnis sich gerade der vermehrten Körperbetätigung zuwendet, sieht man ein, wenn man nach Rudolf Steiner die *leibabbauende* Tendenz der Tagessinne bedenkt. Das Bewußtsein möchte sich aus den übermäßigen Verfallsvorgängen der Nervensinnessphäre zurückziehen und sich mit den lebensnahen und leibaufbauenden Regionen des Organismus stärker verbinden. Jede Körperbewegung lenkt, indem sie das Bewußtsein auf die dumpfen Empfindungen in der Muskulatur und in den Knochen und Gelenken richtet, die Aufmerksamkeit von den aufreibenden Umwelteindrücken ab und zur Körperlichkeit hin. Solche Ablenkung wird wohltätig empfunden, selbst wenn die Körperbewegung bis zur Ermüdung fortgesetzt wird; denn die sogleich – im unbewußt bleibenden Gebiet des Stoffwechsels – einsetzende Regeneration kommt zur traumhaften Wahrnehmung in einer Art Wohlgefühl. Dies halbbewußte Miterleben des Leibesaufbaus nach körperlicher Anstrengung ist für den heutigen Menschen einer der begehrtesten Genüsse. Hier entzündet sich sein «Lebensgefühl» nach Depression.

Nun beobachte man aber, was sich bei der Körperbetätigung mit dem Bewußtsein abspielt. Jegliche Leibesbewegung hat die Tendenz, das Bewußtsein herabzudämpfen. Ganz besonders jede rasche Bewegung, etwa im Lauf, wirkt deutlich in diese Richtung. Um nun im vollwachen Zustand zu bleiben, ist eine innere Anstrengung nötig, die mit der Geschwindigkeit der Bewegung wachsen muß, wenn das Bewußtseinsniveau gewahrt bleiben soll. Dies ist eine reale Wirkung der Bewegung. Merkwürdigerweise tritt sie auch dann ein, wenn die Bewegung verhältnismäßig passiv ist, etwa beim Reiten und sogar beim Autofahren. Man kann hier deutlich feststellen, daß von einer bestimmten Geschwindigkeit ab das Festhalten des gewöhnlichen Bewußtseins unmöglich wird und sie den Menschen in eine Art Rausch bringt, der nun wiederum gerade als Erlebnis (etwa im Rennreiten oder Autowettfahren) aufgesucht werden kann. Aus Beobachtungen, die jeder auf seine Art wird machen können, kann man aus eigener Anschauung bestätigen, daß das Tagesbewußtsein tatsächlich am Leib seinen Rückhalt hat und sogleich die Stütze verliert, wenn der Körper in andere raumzeitliche Bedingungen gebracht wird. Es ist daraus zu ersehen, daß die sportliche Betätigung eigentlich *das menschliche Bewußtsein zu erhöhter Tätigkeit auffordert*. Der Sport wird damit zu einer esoterischen Angelegenheit in der Epoche der Entfaltung der Bewußtseinsseele.

Unbewußt richtigen Gebrauch von der Wirkung der Leibesempfindungen auf das Bewußtsein macht jeder Mensch, indem er etwa beim Erwachen sich bemüht, «zu sich zu kommen». Den eben erst geöffneten Tagessinnen Auge und Ohr traut er nicht, so reichlich Licht, Farbe und Klang auf ihn eindringen mögen. Er faßt sich vielmehr selber an, betastet Arm, Hand und Kopf, reckt die Glieder und richtet sich auf, um seiner selbst gewiß zu werden. Erst durch die Leibeswahrnehmungen bekommt das Ichgefühl seinen Realitätsakzent. Und man kann sich aus dieser Beobachtung leicht ableiten, daß ein ähnliches unbewußtes Kompensationsbestreben gegen die andringende Tagessinnesfülle im Beruf den Menschen zu sportlicher Betätigung treiben mag. Diese Verschiebung des Bewußtseinsakzents auf die Selbstheit wollen wir im Auge behalten.

Zunächst aber ist es nötig, das eigentliche Phänomen Sport noch enger zu umgrenzen. Die *Orientierung* der anglikanischen Sportauffassung *auf das Spielmäßige* enthüllt eine zweite unbewußte Triebkraft der ganzen Erscheinung. Es ist wiederum eine seelische Tatsache, die hier zugrunde liegt. Man kann leicht darauf kommen, wenn man an die Einspannung des Berufstätigen in den unerbittlichen Zwang seiner Arbeitsumgebung denkt. Die Betätigung im Erwerbsleben ist immer mehr unter das strenge Diktat der Zweckmäßigkeit geraten; der von außen aufgenötigte Plan, der die Zusammenarbeit mit anderen beherrscht, der anonyme Zwang eines maschinell gewordenen Ganzen setzen den Menschen unter einen seelischen Druck, von dem er – sobald er der Einspannung entronnen ist – durch ein desto freieres Ignorieren alles Zweckhaften sich erholen möchte. Er sucht ein gleichsam zweckfreies Gebiet auf, und er findet es im sportartigen Spiel. Denn hier kommt alles auf die nicht von der äußeren Nützlichkeit diktierte, sondern auf freiwilliger Vereinbarung beruhende Regel an. Wer die Spielregel anerkennt (sie kann nicht zwingen!), spielt «fair». Die Spielregel selbst aber ist das Ergebnis einer kollektiven freien Erfindung, ist das Resultat einer freudig wahrgenommenen Sinnlosigkeit, einer absichtlich ins Zwecklos-Freie sich begebenden Verabredung. Betätigung dieses Strebens nach Zweckenthobenheit, den vergangene Zeiten mehr im Künstlerischen suchten (Schiller nennt es Spieltrieb!), sucht der heutige Mensch auf dem Felde des sportlichen Wettbewerbs. Hier erzeugt sich in ihm das Gefühl, ein voller Mensch zu sein; er fühlt seine Freiheit als Spielraum, und er möchte nicht auf dies Unterpfand des Vollmenschentums verzichten.

(Diese Überlegung macht übrigens auf den Abgrund aufmerksam, der den heutigen Sport von der griechischen Gymnastik trennt. Diese war ganz aus einer im Künstlerischen verankerten Kultur entstanden; sie war nur die Fortsetzung der schöpferischen Betätigung des Menschen ins Gebiet der Gliedmaßenbewegung hinein. Gymnastik war wie alles Griechische noch Göttergeschenk. Zu Unrecht führen die Sportplätze der heutigen Zeit den Namen «Stadion». Sie haben damit nichts mehr zu tun. Sucht man für sie ein Analogon im Altertum, so mag man an die römischen Arenen denken.)

Die Sehnsucht des heutigen Menschen nach Vollmenschentum spielt also im Sport eine sehr große Rolle. In ihr mag man nun auch den seelischen Untergrund des befremdenden *Championkults* suchen, der von Amerika herübergekommen und bei uns immer mehr übernommen worden ist. Es wäre ganz unverständlich, wie große Menschenmassen einem Meisterboxer fast königliche Ehren erweisen können, wenn sie nicht in ihm die Erfüllung eines Ideals erblickten; eines Ideals, das so stark in ihnen wirkt, daß sie alle Widerwärtigkeit der Kampfart und alle Inferiorität der betreffenden Persönlichkeit darüber vergessen. Es mag mit Wehmut erfüllen, aber es ist eine Tatsache, daß die

Menge der Zuschauer eines Wettkampfes in dem Sieger die Sehnsucht nach einem vollständigen Bild des Menschen verwirklicht sieht. Und vielleicht kann auch die bittere Kritik empfunden werden, die darin liegt, daß die Heldenverehrung auf einen solchen Gegenstand verfiel. Rudolf Steiner hat beschrieben, wie die kindliche Natur in der Zeit bis zum Zahnwechsel zunächst in der unbewußten Nachahmung der Umgebung lebt, wie aber dann bis zur physiologischen Reife hin ein Streben waltet, sich eine geliebte und geachtete Persönlichkeit auszuwählen. Auf die Nachahmung folgt also das Nacheifern. Ist es nun nicht der offenbare Mangel an verehrungswürdigen Persönlichkeiten in der Umgebung des heute heranwachsenden Menschen, der eine unbefriedigte Sehnsucht in ihm hinterläßt, einmal dem ganzen Menschenbild zu begegnen? Kann man nicht den, von außen gesehen, ganz unfaßbaren Championkult als ein Ergebnis des in der Knaben- und Mädchenzeit ungestillt gebliebenen Verehrungsstrebens deuten? Der verschleppte Drang findet eine späte und verzerrte Befriedigung. Die noch wache, aber ihrer selbst schon unsicher gewordene Neigung findet im Champion ihr verspätetes Objekt.

Eine Realkritik unserer Epoche liegt darin; ungeschrieben, aber unmißverständlich und ganz und gar unerbittlich.

Die Erscheinung der mißleiteten Heldenverehrung mag nun auch zum Verständnis einer Seite des Sports führen, die zum Ganzen unentbehrlich ist und sich immer mehr bemerkbar macht: der Rekordsucht. In ihrem Oberflächenaspekt ist sie zunächst ziemlich unverständlich. Was ist das Faszinierende an dem Schauspiel der Aufstellung eines Rekords? Die Unzahl der Zuschauer eines Wettstreits oder einer «Spitzenleistung» ist sich zwar völlig unklar über die eigenen Beweggründe, durch die sie hergeführt wurde und vermöge derer sie durch Stunden, ja durch Tage selber ausharrt. Mit Sensationslust ist nichts erklärt. Denn das ist ja gerade die Frage, was an einem solchen Schauspiel Sensation erregt.

Ohne Zweifel sieht jeder Teilnehmer den Kämpfenden und Siegenden so an, als ob er selbst es wäre, der sich in das Abenteuer einer äußersten Anspannung aller Kräfte stürzt! Die Kühnheit des Unternehmens, der Einsatz der vollen Kraft, ja, das Hervorholen ungeahnter, bisher nie gezeigter Leistungen und das endliche Wiederkehren als ein Ausgezeichneter vor anderen sind die tragenden Elemente, die der Bewerber als Erlebnis gesucht hat und die die Zuschauer in Verzückung setzen, es möge sich nun um einen Kampf beliebiger Art, ein Sechstagerennen, einen Ozeanflug, einen Boxkampf oder nur um ein Fußballspiel handeln. Das *Herausholen nie gezeigter Kräfte*, in deren Lichte der Sieger wie ein Umgewandelter steht, die *große Probe des Standhaltens*, in der der Mensch über sich selbst hinauswächst, sind die Tatsachen, deren Anblick Tausende und aber Tausende herbeizieht und ihnen das Herz höher schlagen machen kann. Sie alle sehen die Überschreitung jeglicher Norm, die Überbietung des gewohnten Maßes menschlichen Könnens vor sich, und es wächst ihnen das Bild eines unermeßlichen Bereichs von Kräften empor, dessen Erbe der Mensch werden kann, wenn er nur alle überkommenen Schwächen überwindet.

In eine andere *Sphäre* begibt sich jeder, der zum Start geht. Seine Vorbereitungen werden überwacht und vom Reporter eingehend geschildert. Denn er nimmt Abschied von dem bisherigen Leben; niemand weiß, ob er wiederkommen wird. Und was ihn selber betrifft, so will er gar nicht wiederkommen – ohne ein anderer geworden zu sein. Während er unterwegs ist, sei es in endlosen Runden im Sechstagerennen, sei es über den Wolken im Ozeanflug, folgen ihm ungezählte Blicke; jeder Zurückbleibende sinnt, was wohl jetzt in dem Kühnen und Hartnäckigen vor sich gehen mag, da er den Augen sichtbar, aber den Gedanken entzogen, in der Arena kreist oder aber über den Wolken verschwunden ist. Und wenn er wiederkehrt, erschöpft, aber atmend, sich noch nicht unter den Zurückgebliebenen zurechtfindend, dann begrüßt man ihn wie einen Erstandenen, fragt ihn aus, nimmt sein Lichtbild, trägt ihn auf den Schultern davon. Er ist nicht nur der Gewinner eines Preises, der Sieger, der Bekränzte, er ist der seinen Menschengenossen Wiedergegebene, dem der Widerschein unausdenkbarer überstandener Erlebnisse von der Stirn leuchtet, *ein Mensch, dem höhere Kräfte sich geneigt haben*. Nun ist er wieder unter den übrigen Menschen, aber die Nachwirkung des Erlebten wird ihn für immer geheimnisvoll aus allen herausheben. Er selber kann nur stammeln oder bescheiden und verlegen andeuten, nie ganz begreiflich machen, was in ihm vorging, als «es» gelang. Von jener Sphäre führt keine Brücke hinüber zur Alltäglichkeit.

Es ist handgreiflich deutlich, daß die Untergründe des Rekordstrebens eine ausgesprochen esoterische Angelegenheit sind. Nur selten allerdings läßt die Überfülle der äußeren Vorbereitungen (Training) durchblicken, daß das Wesentliche sich im Innern des Rekordbrechers abspielt; nur selten bemerkt er es selbst: es ist die Sehnsucht nach Erfülltwerden mit des Menschen eigenem, eigentlichem Wesen, das seinen gewöhnlichen Aspekt überragt. Er möchte ein Abbild eines Höheren werden, das ihn jetzt noch nicht ganz umfaßt, in das er aber hinaufwachsen möchte, weil er es selbst in einem höheren Sinne ist. In diesem gesteigerten Zustand darf er Erlebnisse erwarten, die sein gewöhnliches Dasein ebenso überragen wie seine Ausnahmeleistung (Rekord) die des Alltags. Er wird in einen Ausnahmezustand übergehen, in ihn hineinerwachen, in dem sich ihm erst die ganze Reichweite menschlicher Kräfte enthüllen wird, er wird in einem höheren und eigentlicheren Sinne sich mit seinem Ich vereinigt fühlen können. *Die Besessenheit des Rekordbrechers ist die unerkannte Sehnsucht nach dem Erwachen in einem erhöhten Zustand.*

Daß ein solcher Zustand angestrebt wird, zeigt sich gerade dort am meisten, wo es um ein scheinbar ganz räumlich faßbares Ziel geht: bei den Höhen- und Weltraumflügen, wie sie neuerdings mit Raketenantrieb versucht werden. Wohl scheint es, als ob der waghalsige Flieger sich nur zur höchsten Höhe und Geschwindigkeit antreiben lassen wolle; aber hieraus allein wäre niemals zu verstehen, wie das Unternehmen Tausende zu bannen vermag, so daß ihre Gedanken und Sehnsüchte geradezu an ihm haften und andere Ziele daneben verblassen. Es ist die Abenteurerlust der *erkennenden Menschenseele*, die sich in neue, unerkannte Erlebnisse um den Preis des Lebens stürzen möchte – wiederum nicht trivialer Sensationslust zuliebe, sondern in unbemerktem Streben nach geweiteter Überschau des Menschengeistes über die Welt. Tragisch freilich mutet es an, wie – anstatt mit freien und offenen Erkenntnisorganen der Geistesschau entgegenzuleben – der Menschenleib hilflos an ein Motorungetüm gefesselt und hinaufgeschleudert werden soll; trotz allem ist es der Versuch, ein menschliches Bewußtsein den es erwartenden Abenteuern auszusetzen. Nur bedeutet dies für die heutige Auffassung: ein Menschenhirn an einen Motor anzuschnallen, damit es Kunde von uneroberten Weltbereichen bringen könne. Eine furchtbare Verzerrung, aber noch immer blickt uraltes Geiststreben der Menschheit hindurch.[7]

Rudolf Steiner selbst sprach einmal aus, daß die Sehnsucht nach einer neuen Wirklichkeit auf dem Grunde des Sportlebens liege. In seiner Schilderung bekommt der Sport sogar einen tiefbewegenden tragischen Zug. Er schildert, wie der Mensch sein einst mächtig gewesenes Wissen von der übersinnlichen Welt verlor, wie die alte Weisheit zu Glaubensvorstellungen verblaßte, und wie der Mensch nun nichts mehr hatte, was ihn bis in seine physische Natur hinein mit Kraft durchströmen und tragen konnte. Und so, sagt Rudolf Steiner, habe der Mensch begonnen, *im Leiblichen zu suchen, was ihm einst aus der geistigen Welt zuströmte*. So sei der Sport entstanden.[8] Ein Geiststreben also liegt ihm zugrunde. Hier ist es unmittelbar ausgesprochen, was wir in unseren Betrachtungen gesucht haben: ein sich selbst nicht erkennendes Streben nach höherer Erkenntnis, ein mißverstandenes und daher fehlgreifendes, auf ein anderes Gebiet verschlagenes Suchen, die «Fehlhandlung» einer ganzen Epoche, die ihre neuen Aufgaben noch nicht ins Bewußtsein gehoben hat, nämlich das neue, den Menschen erst zum Vollmenschen machende Abenteuer der übersinnlichen Erkenntnis zu bestehen.

Bewußtseinstrübung durch technische Vorgänge, insbesondere den Film

Eine Zeitbetrachtung auf anthroposophischer Grundlage kann nie in die Tonart der üblichen Kritiken an dem bösen Zeitgeist verfallen. So ernst ihre Symptomatik sein muß, so zuversichtlich wird ihre Grundstimmung bleiben. Sie weiß, daß die scharfen Schatten auf das grelle Licht hindeuten, welches heraufkommt.

Im vorangehenden Kapitel ist gezeigt, daß diese Zeiterscheinung ein Doppelantlitz hat. Es verbergen sich hohe geistige Kräfte in dieser Erscheinung, die aber in Gefahr sind, von entgegenstehenden Mächten verzerrt und in ihr Gegenteil verkehrt zu werden. Es sei nun der Blick auf Erscheinungen gerichtet, die sich am entgegengesetzten Pol des menschlichen Wesens geltend machen. Im Sport haben wir es mit dem menschlichen Bewegungssystem zu tun. Die Erscheinungen, die wir nun betrachten wollen, sind an den anderen Pol des menschlichen Organismus geknüpft, in dem alle räumliche Bewegung zum Stillstand kommt und der sich in Ruhe der Welt gegenüberstellt: wir meinen die Region der Sinneswahrnehmungen und einiger Vorgänge, die sich an sie anschließen, besonders die Erinnerung und das Erkennen.

Wiederum müssen wir von einer unbefangenen Betrachtung der Vorgänge in der Menschenseele ausgehen, fern von den Schematismen der herkömmlichen Physiologie. Rudolf Steiners lebendige Geistbeobachtung hat eine solche Betrachtung erst möglich gemacht. So wenig der Mensch im allgemeinen sich diese Dinge klarmacht, so deutlich wird er sie bestätigen können, wenn er durch Anthroposophie auf sie hingewiesen wird.

Man blicke auf die menschliche Seele als lebendige Einheit,

wie sie sich während des Erdenlebens in die Welt der Sinne hineinfindet. Da ist es vor allem die Sinneswahrnehmung, in welcher der Mensch sich der Außenwelt gegenüber erlebt. Dieses «Gegenüber» ist bezeichnend für das Tagesbewußtsein. (Es ist noch nicht entwickelt beim Kinde, das sich erst zum Entgegenstehen der Gegenstände durchringen muß. Es ist nicht vorhanden im Traum, in dem der Mensch sein Eigenwesen an die Bilderwelt verliert.) Dieses Gegenüber ist der feste Grund, auf dem sich der Mensch wach erhält. Es ist die Stütze seines selbständigen Seelendaseins, weil es ihm die Dinge in die Distanz rückt, in der er sie beobachten kann; es ist aber auch die Quelle seiner Erkenntnistragik, weil es ihn von den Dingen trennt, solange nicht Erkenntnis die Kluft überbrückt.

Dieses Seelenwesen des Menschen, das sich der Erdenwelt gegenüber erlebt und die Erdenwelt sich gegenüber, nimmt während des Tages ständig Eindrücke aus der Umgebung auf. Die Sinnesempfindungen dringen ständig, von den Organen des Leibes vermittelt, auf uns ein. Aber es wäre ein Fehler zu denken, wir wären ihnen passiv ausgesetzt. Es kommt ihnen etwas entgegen. Unbewußt antworten wir auf die Einwirkung. Gerade darin unterscheiden wir uns von unbelebten Wesen. Ein Stein empfängt die Wärme des Sonnenstrahls; die Wärme strömt auf ihn über. Er antwortet nicht. Aber der Teil der Menschenseele, der der Sinnenwelt zugewandt ist (Rudolf Steiner nennt ihn Empfindungsseele), nimmt die Eindrücke *tätig entgegen*. Die Tätigkeit dringt sogar bis ins Wahrnehmungsorgan vor, wie zum Beispiel das Auge auf die eindringende Farbe mit der unbemerkten Bildung der Gegenfarbe antwortet. Aber die Tätigkeit des Antwortens geht von der Seele aus. «Man stelle sich den Menschen vor», sagt Rudolf Steiner in seiner ‹Theosophie›, «wie er von allen Seiten Eindrücke empfängt... Nach allen Seiten hin antworten die Empfindungen auf die Eindrücke. Dieser Tätigkeitsquell soll *Empfindungsseele* heißen.»[9] Man muß sich darüber klar werden, daß ohne dieses Antworten auf den Eindruck gar keine bewußte Wahrnehmung zustande kommen könnte. Man kann sich sogar gut vorstellen, daß gerade im Gegeneinanderwirken von Eindruck und Antwort das Bewußtsein sich entzündet. In solchem Hin- und

Widerströmen spielen sich ja überhaupt die Auseinandersetzungen des Menschenwesens mit der Welt ab. Wir wissen zwar nichts von der Fülle dieser Tätigkeit, die wir beim Wahrnehmen unserer Umwelt gleichsam entgegenwerfen, aber wir verdanken unserer eignen unbewußten Tätigkeit, daß wir «bei uns» und «bei der Sache» sein können.

Schon hier hat die Psychologie des neunzehnten Jahrhunderts einen Fehler gemacht. Sie hat die Antwort der Seele übersehen und die Wahrnehmung mit dem bloßen Eindruck verwechselt (sie hielt deshalb auch die im Auge auftretende Gegenfarbe für ein bloßes Spiel des Organismus und durchschaute ihre Bedeutung für die Wahrnehmung nicht). Daß diese Unterlassung eine schicksalsmäßige Bedeutung bekommen hat, werden wir noch sehen. Der unbefangene Mensch kann übrigens schon in der Sprache bemerken, daß frühere Zeiten von der aktiven Anteilnahme der Seele im Wahrnehmen etwas gewußt haben müssen; der Ausdruck «Wahrnehmen» deutet ja auf eine Tätigkeit, nicht auf ein bloßes Empfangen.

Man beachte nun, was aus dem beantworteten Eindruck weiterhin wird. Die Seele hat durch ihre Antwort den Eindruck mit ihrem eigenen Dasein verbunden. Sie begleitet ihn mit ihrem Gefühl, mit Zuneigung oder Abneigung, sie macht ihn zum «Erlebnis». Er ist nun mit ihr verbunden, und sie kann ihn weitertragen, auch wenn die Veranlassung in der Sinnenwelt aufgehört hat. Sie kann ihn nun auch wiedererinnern. Wo das, was zum Erinnerungsbild werden kann, inzwischen geblieben ist, kann die äußere Psychologie nicht beantworten. Sie kann nur mit dem vagen Ausdruck Unterbewußtsein darauf hindeuten. Erst durch Rudolf Steiner wissen wir, was beim Vergessen geschieht. Die Seele ist es selbst, die in einen Teil der übersinnlichen Organisation, in den ätherischen Leib, eine Einprägung macht. Dieses «Mal» kann sie dann später wahrnehmen, indem sie sich entsinnt.[10]

Wiederum handelt es sich um eine Aktivität. Der Eindruck wird zum Erlebnis. Das Erlebnis wird zur Erinnerung. Daß dazu eine Tätigkeit der Seele notwendig ist, kann man leicht an sich selbst beobachten. Man braucht nur daran zu denken, wie vielen Menschen man täglich auf der Straße begegnet. Man wird sich nur an diejenigen unter ihnen am Abend erinnern können, bei deren Auftauchen irgendein Gedanke von uns hervorgebracht, ein Vergleich gezogen oder irgendeine ähnliche Tätigkeit von uns verrichtet wurde. Von den vielen Menschen, deren Worte man etwa im Laufe eines Tages hört, behält man diejenigen Aussagen, denen in uns etwas *entgegenkam*, sei es Zustimmung, sei es Widerspruch. Man behält nur, worauf man aufmerkt. Was passiv empfangen wird, was ohne Antwort der Seele bleibt, gleitet in uns hinunter, entfällt uns, war kein Ereignis, das wir uns aneigneten. Die Region, in die dieses Entfallene gleitet, ist der bewußten Erinnerungsbemühung nicht erreichbar. Wir werden sie später aufsuchen.

Auch die echten Erinnerungen gehen eine weitere Umwandlung ein. Als Erinnerungen sind sie Eigentum der Seele. Aber im weiteren Laufe des Lebens nimmt auch der tiefste Kern des Menschenwesens an ihnen teil. Rudolf Steiner schildert im Buch «Theosophie» diesen Vorgang. Er weist auf die Erlebnisse des Kindes hin, die allmählich aus der Erinnerbarkeit entschwinden und zu etwas ganz anderem werden: «Man erinnert sich nicht aller Erlebnisse, die man in der Kindheit durchgemacht hat, während man sich die Kunst des Lesens und des Schreibens angeeignet hat. Aber man könnte nicht lesen und schreiben, wenn man diese Erlebnisse nicht gehabt hätte und ihre Früchte nicht bewahrt geblieben wären in Form von Fähigkeiten. Und das ist die Umwandlung, die der Geist mit den Gedächtnisschätzen vornimmt... Der Menschengeist *wächst* durch die verarbeiteten Erlebnisse.»[11] Die Metamorphose der Erlebnisse in Fähigkeiten ist einer der intimsten und zugleich ergreifendsten Vorgänge im menschlichen Erdenleben; ein Vorgang, der sich in jedem von uns ständig abspielt, ohne daß wir es bemerken. Die Einschmelzung der Erlebnisbilder im Absinken, ihr Hinabrinnen und Gerinnen zu Fähigkeiten, ihre Aufnahme in die Sphäre des Könnens, dieser vom Leiblichen durchs Seelische ins Geistige hinablaufende Wandlungsprozeß ist eine der großen Entdeckungen, die Rudolf Steiner in anspruchsloser Form vorgebracht hat. Die Bildung von Fähigkeiten ist gleichsam das über sich selbst hinausgeführte Vergessen. Wie in der Frucht die Pflanze über sich selbst hinausgeht, so die Menschenseele in der Bildung von Fähigkeiten. Was im Seelenwesen Erinnerung an die Erdenerlebnisse gewesen ist, wird vom Geist als Frucht über das Erdenleben hinaus bewahrt.

Man sieht also, daß nicht nur beim Erinnern, sondern auch bei der Bildung von Fähigkeiten das menschliche Ichwesen stark beteiligt ist. Und es gehört zum tragischen Schicksal des neunzehnten Jahrhunderts, daß es diesen tiefeingreifenden Vorgang im Erdenleben des Menschen nicht durchschaute. Es begriff nicht, daß das Vergessen ein tätiger Vorgang der Menschenseele ist. Es wollte in der Spur, die vom Erlebnis in der menschlichen Organisation zurückbleibt, eine passive Einprägung sehen, ja vielfach dachte es sich überhaupt, daß die Vorstellungen gleichsam als tote Gebilde ins Unbewußte hinuntersinken, so wie ein Stein im Wasser versinkt. «Gewiß ist», sagt Rudolf Steiner in der «Theosophie», «daß die Seele den Vorgang, durch welchen etwas Erinnerung wird, dem Leibe wie durch ein Zeichen einprägt; doch muß eben die Seele diese Einprägung machen und dann ihre eigene Einprägung wahrnehmen, wie sie etwas Äußeres wahrnimmt. So ist sie die Bewahrerin der Erinnerung.»[12] Aus solchen gleichsam lebendig vergessenen Erlebnissen können sich die Fähigkeiten bilden. Aus den toten Erinnerungsschlacken, von denen die gewöhnliche Psychologie spricht, kann sich gar nichts bilden. Sie lagern sich irgendwo ab. Welche Bedeutung aber der aus den umgewandelten Erinnerungen gespeicherte Schatz der Fähigkeiten für das Verständnis der Wiederverkörperung des menschlichen Ich hat, ist von Rudolf Steiner oft betont worden. Wenn man nicht von der Umwandlung der Erinnerungen weiß, kann man die Wiederverkörperung nicht verstehen. Denn der Schatz von Fähigkeiten, den das Ich gleichsam aus den Erlebnissen gesogen hat, wird von ihm über den Tod hinaus mitgenommen, wird im nachtodlichen Leben ausgereift und beim Wiederbetreten der Erde in einem neuen Leben ins Tun umgesetzt.

Allenthalben kann man sehen, wie der Irrtum der äußeren Psychologie darin bestand, daß sie den tätigen Anteil der Seele nicht bemerkte. Der Irrtum zieht sich ganz deutlich auch in die

Erkenntnislehre hinein. Die Erkenntnislehre durchs ganze neunzehnte Jahrhundert ist im Grunde die alte scholastische Theorie von dem passiven Abbild im Menschen. Man stellte sich draußen, außerhalb des Menschen, die Realität des Dinges vor und meinte, im Menschen entstehe ein Abbild von dem, was ohne ihn schon außer ihm da ist. Es ist der Irrtum, gegen den Rudolf Steiner sein Leben lang gekämpft hat. Wir können hier nicht die Einzelheiten vorbringen. Aber man sieht sofort, daß in seiner Darstellung das Erkennen kein passives Abbilden der Welt im Menschen ist, sondern ein Tun. Es ist das tätige Ergreifen und Herstellen der Beziehung zwischen Wahrnehmung und Begriff. Das Erkennen ist ein Willensakt des menschlichen Ich. Es geht um die Überwindung einer Kluft, die durch die leiblich-geistige Organisation des Menschen aufgerissen worden war. In der Erkenntnislehre des neunzehnten Jahrhunderts liegt derselbe Mangel verborgen, den auch seine Psychologie trägt.

Nun wird man sich fragen, woher dieser gemeinsame Fehler gegenüber den Akten des Wahrnehmens, Erinnerns und Erkennens gekommen sei. Sollte nicht, fragt man sich, das Übersehen des aktiven Anteils des Menschenwesens an den wichtigsten Verrichtungen der Seele darauf hindeuten, daß diese Aktivität selber bereits nachgelassen hatte? Könnte also nicht in der irrtümlichen Ansicht teilweise eben doch eine Wahrheit gesteckt haben, eine Wahrheit, die damals, im neunzehnten Jahrhundert, erst auf dem Wege war? Und müssen wir nicht vielleicht damit rechnen, daß der einstige Irrtum heute, im zwanzigsten Jahrhundert, noch mehr Wahrheit in sich trägt? Es mag als ein paradoxer Gedanke erscheinen, daß Irrtümer allmählich richtig werden können. Und doch muß dergleichen stattfinden. Man kann es schon an einer allgemeineren Betrachtung sehen. Man denke an die Lage, in der sich nach der Theorie des neunzehnten Jahrhunderts das Erkenntnissubjekt zur Welt befand: die Welt draußen, nach ihren eigenen Gesetzen ablaufend, die Erkenntnis drinnen im Menschen, nur Abglanz oder Nachklang des äußeren Geschehens, ein Spiegelbild bestenfalls, aber ohne Kraft, und der Mensch im Grunde abgeschnitten von der Wirklichkeit, gefangen in seinen Vorstellungen, nicht fähig, in die Welt hinaus zu wirken. Hat sich nicht dieses theoretische «Eckensteherbewußtsein», wie es Rudolf Steiner einmal nannte, späterhin grausam in Praxis umgesetzt? Im neunzehnten Jahrhundert dachte sich der Mensch als Eckensteher des Daseins; im zwanzigsten Jahrhundert, in der Katastrophenreihe des Weltkrieges und der Folgezeit wurde er es. War es nicht wie eine nachträgliche und heimtückische Bestätigung eines lang vorher schon gehegten Irrtums? Mutet es nicht an wie ein teuflischer Hohn auf die Wahrheit? Es war, als ob die Gegenmächte, die das Wahre hassen, dem Menschen zeigen wollten, daß sie bereit sind, das Falsche Wirklichkeit werden zu lassen, um von hier aus der Wahrheit und aller Bemühungen des Menschen um sie zu spotten. Welche grausige Verquickung: das Falsche sinkt in die Schichten der lebendigen Tatsachen hinein. Der – theoretisch vielleicht schon wieder überwundene – Irrtum entfaltet erst jetzt seine Lebenswirkungen.

Man kommt durch solche Gedanken in eine merkwürdig zwiespältige Lage. Man kommt dazu, die Irrtümer, die man eingesehen hat, nicht einfach zu widerlegen, sondern man bemüht sich, die Region aufzusuchen, in der sie wahr und immer wahrer werden. Man findet, daß das Falsche in unserer täglichen Umgebung vorhanden ist!

Man kommt darauf, daß die Aktivität der menschlichen Wahrnehmung tatsächlich im Abnehmen begriffen ist. Die unbefangene Beobachtung, einst der Stolz des naturwissenschaftlichen Zeitalters, ist im Schwinden. Niemandem, der die Entwicklung der Naturwissenschaften in unserer Zeit verfolgt, kann dies entgehen. In den exakten Wissenschaften ist die möglichste Ausschaltung der angeblich subjektiven Wahrnehmung methodisches Prinzip geworden, der Ersatz des beobachtenden Menschen durch Registrierapparate schon fast fixe Idee. Auch in der Biologie ist das Mißtrauen des Menschen gegen die Sinne im Steigen, jenes Mißtrauen, das schon Goethe als Unrecht gegen den Menschen empfand und gegen das er vergeblich zum Kampf aufrief. Heute ist es zur Tatsache geworden, daß man die «Antwort» der Empfindungsseele, jene Tätigkeit, durch die die Wahrnehmung erst zum Eigentum des Menschen wird, gar nicht mehr haben will. Es ist deshalb zum Beispiel kein Wunder, daß das Unterscheidungsvermögen für die Qualität der Farben gerade in unserer Zeit sehr abnimmt. Denn die Farbe ruft zu stärkerer Eigentätigkeit auf, wenn sie in ihrer Sprache erfaßt werden soll. Man kann feststellen, daß heutzutage bereits viele Menschen Goethes Beobachtungen über die sinnlich-sittliche Wirkung der Farben nicht zu bestätigen vermögen. Man könnte dies seelische Farbenblindheit nennen. Die Wahrnehmung wird hier also wirklich allmählich zu einem bloß passiven Empfangen, und der Irrtum des neunzehnten Jahrhunderts wird gleichsam immer richtiger.

Wie stark das gegenwärtige Zivilisationsmilieu die Eigentätigkeit der Seele gegenüber der Außenwelt verdrängt, kann man jeden Tag an sich selber beobachten. Wir sind gezwungen, ständig einer ganzen Fülle von Ereignissen gegenüber standzuhalten, etwa eine Reihe sich überstürzender Nachrichten entgegenzunehmen, ohne zu Atem zu kommen, ohne die notwendige Tätigkeit der Seele im Aufnehmen und Aneignen entwickeln zu können. So nähert sich unser Bewußtsein immer mehr dem Zustand des passiven Registrators. Dies aber hat eine sehr ernste Folge. Die mangelhafte Intensität der Beschäftigung mit dem einzelnen Erlebnis erzeugt immer mehr eine *Fahrigkeit des Urteilens*. Das Denken selber wird nervös, wird bloße Reaktion. Es ist eine Tatsache, die jeder an sich selbst nachprüfen kann, daß das unwillige und eilige Aufnehmen von Beobachtungseindrücken, ein hastiges Hinweghuschen über Einzelheiten nicht etwa schneller zu einer wirklichen Einsicht in die Dinge kommen läßt, sondern langsamer. Wer sich über große Materialmengen «orientieren will», tut besser, sich mit einigen Stichproben gründlich zu befassen, als das Ganze zu durchstöbern, immer im Wahne, er könne den Überblick durch Eile gleichsam erzwingen. Rudolf Steiner hat selber in seinem Vortrag «Praktische Ausbildung des Denkens»[13] die Mahnung ausgesprochen, daß jeder, der ein gesundes Denken und Urteilen erwerben will, lernen muß, sich den Wahrnehmungen intensiv und tätig hinzugeben. Das schnelle Urteilen-Wollen korrumpiert geradezu das gesunde Urteil. Es korrumpiert auch das Gedächtnis.

Und nun vergegenwärtige man sich, wie der heutige Mensch buchstäblich verhindert wird, sich den Dingen, die sein Bewußtsein durchziehen, wirklich zu widmen. Er hat nirgends Muße, sich den Eindrücken wirklich hinzugeben und sie dadurch zu Ergebnissen zu machen, er wird ständig genötigt, sofort zu urteilen und, dem Reporter vergleichbar, in ständiger Hast zu leben. Gleichsam die Inkarnation dieses Übels ist die Tageszeitung. (Es soll damit natürlich nicht gesagt werden, daß man die Zeitungen abschaffen solle; sie sind unentbehrlich!) Die Artikel oder noch mehr die Überschriften überschreien sich gegenseitig. Die Ereignisse stehen ohne Vermittlung nebeneinander, der Leser muß ohne Aufenthalt von einem zum anderen übergehen. In der Natur hängen die Dinge miteinander zusammen; deshalb ist die Versenkung in die Naturbetrachtung aufbauend. In der Zeitung hängen die Dinge nicht zusammen. Deshalb ist die Lektüre zerstörerisch. Anstatt das Denken in eine lebendige Bewegung zu bringen, kann der Leser nicht anders, als sich der Überfülle des Widersprechenden ausliefern, er überfliegt die Spalten, bemerkt wenig und überliest doch alles, und weiß am Ende längst nicht mehr auch nur einen Teil der Dinge dem Namen nach, von denen berichtet wurde. Dies hat eine sehr ernste Folge: *er kann sich nicht nur des Gelesenen nicht erinnern, sondern das Nichterinnerbare zerstört ihm sogar das Gedächtnis.*

In neuerer Zeit drängt sich nun zwischen all das Gedruckte noch ein neues Element: das Bild. Auch die Illustrationen sind ohne Zusammenhang und überschreien sich. Das alles ist ohne Verbindung, mit kurzen Über- oder Unterschriften, schnell überblickt und schon hingenommen, wie es ist, chaotisch und grell konturiert. Man kann sagen, daß sich diese gedruckten Illustrationen buchstäblich zwischen den Menschen und die Welt schieben. Sie werden zum Ersatz der lebendigen, an der Realität tätig gewonnenen Vorstellung. Und, flüchtig aufgenommen, nicht mit wirklichem Interesse begleitet, dem ungesunden Vergessen übergeben, sinken sie hinab, irgendwohin, nicht angeeignet, nicht verdaut. Irgendwo lagernd, ohne Verbindung mit dem Eigenwesen des Menschen, sind sie dennoch in ihm, werden von ihm herumgetragen. Der lebendige Zusammenhalt des Menschenwesens ist gestört. Denn was da liegen bleibt, konnte nicht verschmelzen und absinken, konnte nicht jenem lebendigen Strom zufließen, der von den Sinneseindrücken durch die Erlebnisse und Erinnerungen fließt und in den Schatz der Fähigkeiten mündet. Die Bildung von Fähigkeiten droht zu versiegen! Statt dessen lagert sich die Fülle toter, zusammenhangloser Bilderreste ab, durchmischt mit unvergorenen Halburteilen, halbvergessenen Schlagzeilen, in die Brutstätten des falschen Urteils und der Emotion. Nimmt man hinzu, was von anderen Eindrücken der Großstadt, von den Schaufenstern und Aufschriften, namentlich aber von den Plakaten herunter den Menschen anschreit und in ihm versinkt, undurchlebt, dem eigenen Ich unerreichbar entgleitend: ein Aftergedächtnis, vom Ich getrennt, ein Speicher krankmachender Schlacken im lebendigen Leib.

Ist dieses Bild nicht wie eine Bestätigung der falschen Vorstellung, die man sich im neunzehnten Jahrhundert vom Wesen des Gedächtnisses gemacht hatte? Anstatt aktiven Ergreifens und lebendigen Wiederbildens im Zurückrufen des Erlebnisses das tote Absinken und das unabsichtliche reaktive Wiederaufsteigen des Toten, ein bloßes Reagieren und Assoziieren anstatt des Denkens. Wiederum ein deutliches Anzeichen, daß der frühere theoretische Irrtum praktisch wahr wird! Was sich da als krankhafte Form, als Abtrennung des menschlichen Ich von seiner Organisation, als Unterbrechung der Bildung neuer Fähigkeiten herausbilden will, ist durch die irrtümliche Beschreibung früherer Jahrzehnte bereits theoretisch vorausgenommen. Wir Heutigen aber, die wir um die Überwindung der falschen Interpretation ringen, müssen mitten unter den inkarnierten Irrtümern der Vergangenheit leben. Das neunzehnte Jahrhundert meinte ein falsches Gedächtnis, ein Aftergedächtnis von toten Inhalten, wir beginnen bereits, es zu haben.

Das Versiegen des Stromes der lebendigen Nahrung für das menschliche Ich hat auch seine Bedeutung für das moralische

Gebiet. Denn das Moralische gehört ja eben der Sphäre an, in der die aus vergessenen Erlebnissen sich formenden Fähigkeiten ruhen. Der Nahrungsstrom des Lernens speist unser ewiges Ich, erfahrene Freude und erduldetes Leid bauen an ihm. Bleiben diese formenden Einflüsse aus, so verkümmern seine Kräfte. Es kann keine Beziehung mehr zur Welt finden. Was es tut, wird weltenwidrig, was es urteilt, wird wahrheitswidrig. So kann man sagen, daß ein mangelhaftes Wahrnehmen und ungesundes Vergessen moralisch krank machen. Und so versteht man erst die Angabe Rudolf Steiners, daß das flüchtige Lesen, das nur auf die Orientierung abziele, das nicht wirklich bei der Sache sei, sondern nur oberflächlich von ihr Notiz nehmen wolle, kurz, das reportermäßige Verhalten zur Welt, unter dem wir alle leiden, geradezu eine *Schule der Lügenhaftigkeit* sei!

Das Gleiche gilt natürlich für eine bloß äußerliche Aneignung geisteswissenschaftlicher Tatsachen. Auch hier muß das bloß auf Orientierung gehende Sichunterrichten, das Nichtbeteiligtsein mit dem Eigenwesen zur Abspaltung des Aufgenommenen vom Ich, das dieser Nahrung bedarf, führen. Es muß auch aus einer bloß passiven Aufnahme geisteswissenschaftlichen Wissensstoffes die Neigung zur Lüge entstehen. Hier erkennt man, wie wichtig die im Aufnehmen geleistete Arbeit beim geisteswissenschaftlichen Studium ist und wie das ernste Bemühen um die moralische Bedeutung der esoterischen Wahrheiten die wichtigste Aufgabe des Lernenden ist.

Wer dem bisherigen Gedankengang gefolgt ist, wird nun auch noch einen letzten Schritt mit uns tun. Wenn von der schnellen Folge von Bildern die Rede ist, die am Auge des heutigen Menschen vorbeiziehen, ohne daß er der Einzelheiten habhaft werden kann, dann wird man nicht umhinkönnen, an die technische Erfindung zu denken, die im Voraugenführen einer schnellen Bilderfolge besteht und so gleichsam das, was wir besprochen haben, als schädigenden Einfluß der heutigen Umgebung auf die Spitze treibt. Wir meinen den Kinematographen. Hier schiebt sich zwischen den Menschen und die Welt die Fülle der Eindrücke mit einer solchen Schnelligkeit ein, daß ein Antworten der Seele unmöglich gemacht wird. Es kann nicht nur kein gesundes Aneignen des Einzelbildes erfolgen, sondern die Illusionswirkung beruht gerade darauf, daß eine diskontinuierliche, gleichsam zerhackte Darstellung des Vorgangs im Beobachter zur Scheinkontinuität zusammenfließt. Hier ist, was wir als Krankmachendes besprochen haben, in einem besonders starken Maße der Fall: anstatt mit dem lebendigen Zeitenwesen des Menschen (Lebensleib) verbunden zu werden, sinken die Einzelbilder in jene abgesprengte Region unterhalb des Gedächtnisses hinein, die der Sammelplatz aller unverarbeiteten Eindrücke und Nachwirkungen ist. Daß sie hier nicht miteinander verschmelzen, sondern unverbunden nebeneinander liegen bleiben, davon kann man sich in günstigen Fällen selbst überzeugen. In einem solchen Fall konnte zum Beispiel bemerkt werden, daß am Morgen nach der Filmvorführung beim Erwachen ganz unveränderte Stücke des Bildstreifens ins Bewußtsein stiegen, und zwar sogar mit Fehlern in der Schicht, Fehlern, die bei der Vorführung selbst unbemerkt geblieben waren! Man kann sich aus einer solchen Erfahrung wohl ein Bild machen von der zerstörerischen Wirkung solcher abgesunkenen und unverschmolzenen Eindrücke im abgesprengten Bewußtseinsteil. Nach Hinweisen von Rudolf Steiner ist anzunehmen, daß die Schädigung bis in die Aufbaukräfte des Organismus hinunterreicht, und daß hiermit wieder auch die Korruption des Gedächtnisses zusammenhängt. Man könnte von einer Verholzung des Lebensleibes sprechen.

Man sehe sich die Situation des Zuschauers im Kinematographen an. Sie ist selber wie ein Bild, das deutlich spricht: der unbewegt sitzende Beobachter mit den starr auf die Leinwand gerichteten Augen, die abrollenden Bilder, die toten Eindrücke, auf die die Seele nicht antworten kann, das Empfangene dem Ich unaufhaltsam entgleitend, hinunterrollend in einen abgesprengten Teil seiner Wesenheit. Die Augen sind auf eine konstante Entfernung eingerichtet, sie verfolgen nicht die Ereignisse wie im gewöhnlichen Leben in wechselnder Nähe und Ferne. Das Bildgeschehen spielt sich nur scheinbar in verschiedener Raumtiefe ab. Der Beschauer vermeint, in einen Raum hineinzusehen, der sich hinter der Leinwandfläche in die Tiefe dehnt und in dem sich die Figuren zu bewegen scheinen. Dieser Pseudoraum ist ganz und gar aus dem realen Raum herausgehoben und bannt den Beschauer in seinen illusionären Bereich. Hinter der Leinwand spielt sich vielleicht in Wirklichkeit etwas ganz anderes ab. Hier hat man den Fall einer völligen Abspaltung dessen, was das Sehorgan verrichtet, von dem, was der vorstellende Mensch wahrzunehmen glaubt. Der Mensch ist wahrhaft aus der Verbindung mit der realen Welt herausgeholt und in das Reich zuckender Schatten gebannt. Das starre Auge kann nicht, wie es der Wirklichkeit gegenüber geschieht, vom Bewegungs- und Gleichgewichtssinn her den Realitätsakzent bekommen (siehe das Kapitel über den Sport). Aber der Mensch ist nicht wach genug, um die Illusionshaftigkeit des ganzen gefilmten Vorgangs zu bemerken. Man kann sogar beim genauen Betrachten bemerken, wie der Bewegungssinn geradezu verderbt wird. Heutige Menschen haben oft gar kein Gefühl mehr dafür, daß auf einem Gemälde bewegte Figuren viel wahrhaftiger dargestellt sein können als in einem Film. Gerade weil die Bewegung durch den Maler in der einmaligen Kontur festgehalten werden muß, muß der Beschauer in sich selber den Eindruck der Bewegung wiedererzeugen. Der Film nimmt ihm scheinbar diese Arbeit ab. Aber es entsteht eben doch keine volle Realität. Man sehe sich zum Beispiel galoppierende Pferde auf einem guten Gemälde an und vergleiche sie mit Momentbildern vom Rennen: wie unwirklich kommen auf dem abgefangenen Phasenbild die Tiere auf steifen Gliedern dahergestelzt! Daß der Beschauer den Unterschied heutzutage nicht mehr bemerkt, ist ein schlimmes Zeichen. Sein Raumgefühl ist korrumpiert.

Ferner geschieht im Film die Korruption des Zeitgefühls. Man hat die sogenannte Zeitlupe erfunden, bei der durch eine große Anzahl von Aufnahmen in der Sekunde, die dann in normaler Schnelligkeit abgedreht werden, die Phasen einer komplizierten Bewegung beliebig weit auseinandergezogen werden können. Bei einem solchen Zeitlupenfilm hat der Beschauer zunächst häufig das deutliche Gefühl, daß etwas fehlt. Er muß nicht ohne Qual mit ansehen, wie zum Beispiel zwei Boxer seltsam elastisch und lautlos behäbig einander umschleichen, selbst der Treffer in des anderen Gesicht präsentiert sich nur als sanftes und freundschaftliches Hinlangen; er sieht Rennpferde, die nicht frei ausgreifen, sondern in einem zähen Schleim daherzugaloppieren scheinen, und fühlt eine unendliche Anstrengung dabei; er sieht schließlich die Tennismeisterin dem Ball entgegen langsam in die Luft steigen und ebenso langsam wieder herabschweben, ganz zuletzt holt sie noch schließlich den einen Fuß herunter, der inzwischen irgendwo war. Die unbefriedigte Anschauung macht sich vielleicht zunächst im Lachen Luft. Aber es kann nicht ohne Folgen bleiben, daß auf die Dauer dem Zeitgefühl Hohn gesprochen wird.

Es gehört eben zum Wesen eines Dinges und eines Menschen, wie schnell es oder er sich bewegt. Es gehört auch zum Wesen einer Pflanze, daß sie mit unsichtbarer Langsamkeit wächst. Und wenn dann zum Beispiel durch die der Zeitlupe entgegengesetzte Anordnung die Phasen des Pflanzenwachstums aneinander gerückt werden (man nennt dies Zeitraffer), dann ergibt sich ein ganz illusionärer Eindruck. Der Stengel schießt gleich einer Rakete empor, eine Blattfontäne entfaltet sich, wird von einer zweiten gekrönt, die Blüte bricht explodierend auf und sprüht ihre Kronenblätter hervor. Wunderbar, sagen die Menschen, nun sehe ich doch, wie eine Pflanze wächst. Nein! Sie sehen im Zeitraffer, wie die Pflanze nicht wächst. Wie es zum Wesen des Menschen stimmt, daß seine Gebärden als Raumbewegungen erscheinen, so gehört es zur Pflanze, daß ihre Form und ihr Wachstum für den Beschauer bewegungslos sind. (Man kann sich freilich auch Blumenlehrfilme ansehen, aber man sollte dann im Anschauen immer wieder zur Wirklichkeit der Pflanzenwelt zurückkehren; denn es ist die Rückkehr in die reale Welt, aus der das Kino den Menschen hinwegversetzen möchte.)

Man kann also wirklich sagen, daß im Kino der Mensch sowohl aus der Raumes- wie aus der Zeitrealität vertrieben wird. Es läßt sich gar nicht absehen, wohin diese Wirkung noch führen kann, da sie nicht bemerkt wird.

Erscheint nun nicht die Kinosituation selbst wie eine gespenstische Darstellung? Der Mensch sitzt wie ein Gefangener in einem dunklen Raum, ein unsichtbarer Apparat zaubert ihm den Schein des Lichtes und bewegter Dinge vor die Vorstellung; das Geschehen rollt mechanisch ab; das Triebwerk bleibt verborgen, der Beschauer ist unfähig einzugreifen und sitzt mit starren Augen gebannt da. *Es ist die Wirklichkeit gewordene Erkenntnistheorie des Agnostizismus.* Der weltanschauliche Irrtum des neunzehnten Jahrhunderts, das Getrenntsein des Eckenstehers von der objektiven Welt, die vor ihm abrollt, seine Unfähigkeit, in sie einzugreifen, erscheint wie inkarniert in der Situation, in die sich Millionen von Menschen täglich begeben!

Die Irrtümer der Vergangenheit umgeben in inkarnierter Form den Menschen. Was einst falsch gedacht war, macht ihn heute krank. Und doch kann er sich diesem Leben nicht entziehen, muß mitten unter diesen Einwirkungen und Schäden seine Aufgabe durchführen.

Damit steht die Betrachtung an demselben Punkt, wohin auch das Studium der Untergründe des Sports geführt hat. Die Wirkung ist dieselbe: das menschliche Ich soll aus dem Zusammenhang des Erdenlebens und -leibes herausgedrängt werden. Und der Rest der vom Ich abgespaltenen Seele soll mit dem Organismus zu einer gespenstischen Einheit verbunden werden. Die Geschenke der Erde an den Menschen, um die er während des Daseins zwischen Geburt und Tod wirbt, werden ihm entrissen. Das Erlebnis wird abgelähmt, die Reifung unterbunden, die Erkenntnis unmöglich gemacht, die moralische Tatkraft genommen. Das Ich abgedrängt von der Erde, der übrige Mensch an die Erde gefesselt, so will es die dämonische Gegenmacht des Menschen, die in unseren Tagen zum Vernichtungsschlag ausholt! Wie Rudolf Steiner zeitlebens dieser Gegenmacht den Damm entgegensetzte, um sie in dem ihr geziemenden Bereich zu halten, ihrem Übergriff zu wehren, dies zu erkennen, ist der immer erneuten Bemühung wert. Das ganze Lebenswerk Rudolf Steiners ist eine Aufforderung zur Wiedergewinnung der Tatseite im menschlichen Wahrnehmen, beginnend mit der Erziehung zu neuer und sorgfältiger Beobachtung. Auch zur übersinnlichen Wahrnehmung wird der Weg gebahnt durch ein hingebendes Sichöffnen der Sinne:

ganz entgegengesetzt also dem Streben vermeintlicher Geistsucher, die es eilig haben, die Sinnenwelt zu verlassen. Wer nicht die Sinnenwelt liebt, kann nie ein Geistesforscher in Rudolf Steiners Sinne werden. Er selbst lehrte dies nicht nur, sondern gab ein lebendiges Beispiel. Fortan hat der Suchende ein Kennzeichen, an dem er den echten Geistesschüler von dem eingebildeten unterscheiden kann.

Lebendiges Weltinteresse läßt eine gesunde Verarbeitung der Erlebnisse zu, gibt Raum jenem Vergessen, das wirkliche Früchte trägt in Fähigkeiten. Das Studium der Anthroposophie ist eine Schule des wohlabgewogenen Urteils; es lehrt, heimliche Denkgewohnheiten zu überwinden. Die zerstörende Einwirkung der technischen Umgebung schadet nichts mehr. Zeitungen, Schaubilder und Filme können das Bewußtsein nicht mehr entscheidend gefährden. Das Gewahrwerden der sinnlich-sittlichen Seite der Sinneswahrnehmungen leitet zur Moralität verantwortlichen Denkens über. Treue Beobachtung und sachliche Gedankenführung helfen zur Gesundung des Gedächtnisses.

Die neue *Erziehungskunst*, in mancher Beziehung auch die neue, durch Anthroposophie erweiterte *Heilkunst* (insbesondere die Heilpädagogik) haben es ständig mit jenem Lebensstrom zu tun, der von den Erfahrungen in die Erlebnisse fließt und endlich die Fähigkeiten reifen läßt. Das Ziel ist immer, diesem Reifungsprozeß zu Hilfe zu kommen, sei es durch erzieherische oder durch ärztliche Mittel. Das ewige Wesen des Menschen bekommt wieder seinen Raum auf dem irdischen Schauplatz, es kann sich voll verkörpern. Mit neuem Mut macht sich das Ich an seine Aufgabe und beweist – nicht theoretisch, sondern praktisch –, daß es kein müßiger Eckensteher des Weltdaseins ist. Es läßt sich nicht mehr von üblen Kräften verdrängen und vom Lebensstrom abschneiden. Es fühlt sich verbunden mit allem, was Menschen auf Erden angeht.

Und schließlich kann auch die neue Kunst der *Eurythmie* in diesem Lichte besser eingeschätzt werden: sie setzt den Menschen wieder in die gesunde Beziehung zu Raum und Zeit, die der Film und so weiter ihm rauben will. An Stelle der zuckenden Schatten, die ihn krank machen und ihn in Illusionen versetzen, erlebt er sich im Anblick neuer Wirklichkeiten: er sieht nicht nur die sittliche Seite der Farbe, sondern auch der *Bewegung*. Die Bewegung, die in heutiger Zeit am meisten in den Dienst der Maschine gepreßt war, und die menschlichen Glieder, die im Sport schon der untermenschlichen Welt zu verfallen begannen, werden nun Mittel einer geistigen Sprache. Wenn der Beschauer den Bewegungen der Gestalten auf der Bühne folgt, fühlt er, daß seine Augen ständig den nötigen Beistand von dem Gleichgewichts- und Bewegungssinn her bekommen, und damit weiß er, daß das Angeschaute eine Wirklichkeit verbürgt. Wenn er dieser Welt beweglicher Formen, Farben und Töne nicht untätig gegenübersitzt, sondern sie mitlebt, dann weiß er, daß er es mit Weltenkräften zu tun hat, die aufbauen. Und keine der krankmachenden Mächte der Zivilisation kann ihm diese Überzeugung mehr rauben.

Gedächtnis, Gedächtnispflege und Gedächtnisruinierung, etwa durch Kreuzworträtsel

Von allen anderen Arten der Suche nach dem Geist unterscheidet sich die Anthroposophie Rudolf Steiners darin, daß sie unbedingt beim Menschen beginnt. Sie ist daher, welche Gegenstände sie auch aufgreifen mag, immer zugleich Selbsterkenntnis. Erst unsere Zeit ist imstande, diesen Weg zu gehen. Durch seine Eigenart verbürgt er, daß Abwege früher oder später bemerkt und korrigiert werden können.

Im folgenden ist von einem Kapitel der Selbsterkenntnis die Rede, das einem Menschen, der sich mit Geistesschulung befaßt, besonders merkwürdig wird, mit dem aber auch jeder andere oft zu tun hat. Für den Kenner der Anthroposophie wird manches Vorgebrachte allerdings nicht neu sein. Es kommt aber auf die immer neue Art an, wie man auf geistigem Felde dieselben Dinge von verschiedenen Seiten aufsucht. Man strebt in der Geisteswissenschaft Rudolf Steiners gar nicht in erster Linie danach, Neues zu erfahren, sondern – goethisch gesprochen – «das schon Entdeckte auf seine Weise wiederzuentdecken». Erst dadurch bekommen die anthroposophischen Grundbegriffe Leben.

Mit den Geheimnissen des Gedächtnisses hat gewiß ein jeder auf seine Weise schon Erfahrungen gemacht. Man stößt auf sie zuerst bei unvermutetem Versagen der sonst so selbstverständlich hingenommenen Fähigkeit, das Bild eines vergangenen Ereignisses vor sich zu haben. Am peinlichsten ist das Ausbleiben eines Ausdrucks oder eines Namens, wenn man seiner dringend bedarf. Heftige Bemühungen des Besinnens machen den Mangel meistens nicht gut, sondern schlimmer. Gibt man den Versuch auf und denkt nicht mehr daran, dann ist das Gesuchte auf einmal wieder da. Es bleibt zunächst unverständlich, warum und wie es sich dem Erinnern entzogen hatte.

Gelegentlich kann man an sich selbst bemerken, daß eine gewisse Frische, die man körperlich fühlt, das Erinnern wesentlich erleichtert, während bei Abspannung sich die erwähnten Hemmnisse besonders häufen. Also hängt die Tätigkeit des Erinnerns mit dem Leibeszustand zusammen; sie ist ja auch in Gesundheit und Krankheit verschieden. Ein neues Rätsel ersteht, wenn man erlebt, daß gealterte Menschen oft gerade die kürzlich gehabten Erlebnisse schnell vergessen, während ihnen Geschehnisse der Jugend mit wunderbarer Treue vor Augen stehen – wie es denn Greise gibt, die ganz unter den Bildern ihrer Knabenzeit leben und für alles Gegenwärtige gleichsam schon gestorben sind.

Auf solchem Wege kommt man zu der Einsicht, daß zwischen dem Bewahren der Erlebnisse und dem Aufleuchten des Erinnerungsbildes ein großer Unterschied gemacht werden muß. Jeder Mensch hat ein treues Gedächtnis, denn bei besonderen Gelegenheiten zeigt sich, wie gut alles in ihm aufbewahrt war; ungleich ist bloß jene zunächst unfaßbare *Fähigkeit des Aufrufens* dessen, was bewahrt wurde. Man sollte also statt: «ich habe ein schlechtes Gedächtnis» vielleicht richtiger sagen: «ich habe eine schwache Erinnerungsgabe». Es fehlt nicht am «Haben», sondern am rechtzeitigen «Gegenwärtighaben», wie ein jeder noch von der Schule und vom Examen her weiß.

Endlich ist bekannt, daß sich angenehme Dinge besser behalten lassen als unangenehme, wie zum Beispiel auch Menschen in einem Vortrag Hindeutungen, die auf sie gemünzt waren oder die ihnen wenigstens hätten nützlich sein können, leichter überhören als Auslassungen, durch die sie sich geschmeichelt fühlen. Es sind also zu allen übrigen Rätseln auch noch Zusammenhänge des Erinnerns mit dem moralischen Leben des Menschen zu bemerken.

Aus alledem kommt man wieder einen Schritt weiter in der Erkenntnis, daß die Erinnerung mit dem ganzen Menschen zu tun hat, und daß die Region, die wir Gedächtnis nennen, erst durch *eine ganz bestimmte Aktivität der Seele* dazu zu bringen ist, sich zu öffnen und eine Erinnerung entstehen zu lassen.

Wo sich diese Tätigkeit abspielt, davon hat man im gewöhnlichen Bewußtsein keine Ahnung, denn wenn man sie beobachten möchte, versagt sie. Schon daraus läßt sich freilich auf eine Verwandtschaft mit dem körperlichen Willensakt schließen, denn bei ihm erlebt man etwas ganz Ähnliches: eine bestimmte Körperbewegung, die man genauer betrachten möchte, wird unsicher oder mißlingt sogar.

Weiter kann man sich vergewissern, daß die Erlebnisse nicht in ihrer Gestalt selbst im Gedächtnis aufbewahrt werden. Die naive Vorstellung vom Gedächtnis denkt ja meist an eine Art seelischer Kartothek, in die man nur hineinzugreifen brauche, um aus der großen Zahl aufgestapelter Bilder das richtige herauszusuchen und ans Licht zu heben. Aber das Erinnern ist ein schöpferisches Tun, ein Wieder-Bilden, kein einfaches Heraufheben. Es wird etwas wiedergebildet, was vorher nicht mehr Bild war; was unanschaulich geworden war, wird wieder anschaulich gemacht. Daß dies unter Umständen seine Schwierigkeiten hat, und daß oft auch etwas anderes als das Gesuchte herauskommt, weist auf folgende Gliederung hin: da ist einer, der greift, da ist etwas, das ergriffen wird, da wird das Ergriffene umgebildet und schließlich von einer urteilenden Instanz in uns angeschaut, beurteilt, anerkannt oder verworfen. Die letzte Phase steht in hellerem Bewußtsein als die übrigen, am dunkelsten bleibt der Griff, mit dem der ganze Vorgang beginnt.

Am besten ist es, einen Einzelfall genauer vorzunehmen. Jeder kann selbst Studien in dieser Richtung machen; es gehört nur ruhiges Beobachten und Sondern der Phasen dazu. Es ist übrigens lehrreich zur Bildung der anthroposophischen Grundbegriffe und, wie die Erfahrung lehrt, förderlich für das Gedächtnis selbst.

Es ist mir ein Name entfallen. Ich will ihn wieder bilden. Hierzu stelle ich mir den Menschen vor, gedenke seiner Lebensumstände oder – wenn es sich um einen Autor handelt – seiner Werke. Die Titel werden mir gegenwärtig sein, auch wenn sein Name zunächst wie ausgelöscht ist. Nun warte ich einen Augenblick, und es geschieht, ohne daß ich willentlich voll daran beteiligt bin, jener unsichtbare Griff. Es kommt dann ein Name ins Bewußtsein, aber ein falscher. Dahinter kommt ein anderer, der zwar noch nicht richtig, aber *angenähert* ist. Ich komme schrittweise zu neuen Namen, und endlich habe ich den gesuchten, den ich sogleich *wiedererkenne*. Es ist der Name eines Theologen des neunzehnten Jahrhunderts. Beim Vorstellen eines seiner wichtigsten Büchertitel mache ich halt. Der erste «Griff» liefert den sinnlosen Namen: Schlichteband. Mein urteilender Mensch lehnt ihn ab. Der zweite Griff ergibt den Namen: Steinhäger, der für einen Theologen gewiß nicht angängig ist; ich verwerfe auch ihn. Der dritte Versuch, das «Vorschwebende» zum Klang zu gestalten, liefert einen noch weniger geeigneten Namen: Scheinheiling. Dennoch wird mir deutlich, daß ich dem gesuchten Namen nahe bin. Beim vierten Male bildet sich der Name: Schleiermacher. Es ist der gesuchte; in freudiger Entspannung wird er «anerkannt».

Aus solchen Versuchen ist zu entnehmen, daß dem erinnernden Menschen die *Wiederbildung* des Entfallenen nicht ohne Mühe gelingt: die Erinnerungsspur selbst ist gewissermaßen noch ohne wahrnehmbare Eigenschaften, sie muß nach ihrer Ergreifung erst *ausgestattet* werden. Der Erinnernde tut dies wie versuchsweise tastend, verändert diesen oder jenen Vokal oder Konsonanten. Dabei wird ihm das «Vorschwebende» deutlicher und dient ihm zum Leitfaden der Ausgestaltungsarbeit. Jedes Ergebnis schaut er an, um es zu beurteilen. Auch inhaltliche Anklänge, Bedeutungsassoziationen und dergleichen wirken in die Ausgestaltungsarbeit hinein. Das durch alle Phasen hindurch Tätige ist der Mensch selbst, der sich am Schluß in dem Urteil: «was ich jetzt gebildet habe, ist das Gesuchte» zugleich mit seinem Gegenstand ergreift. Die wiedererkennende Instanz ist das menschliche Ich. Es hat sich am Ende des Erinnerungsaktes wachgerüttelt.

Was als Erinnerungsspur jenseits der Bewußtseinsschwelle lebt (ruht wäre ein unrichtiger Ausdruck), ist wie ein Klangphantom ohne Greifbarkeit; es ist dem Tagesbewußtsein gegenüber schlafend; es muß durch die Seele, die träumend sucht, aufgeweckt werden. Nun schwebt es vor. Im träumenden Ausgestalten gewinnt es Sinnesnähe. Endlich kann es beurteilt werden wie ein Ding der Außenwelt.

So erkennt man, wie das Vergangene, das «Gemerkte» in der Region des Menschenwesens sich aufhielt, die schlafdurchzogen auch am Tage ist: man bezeichnet sie als den *ätherischen oder Bildekräfte-Leib* des Menschen. Der andere Teil des Vergessenen ist mit der Seele verbunden; sie macht den träumenden «Griff», durch den aus der Merkspur das Vorschwebende aufgeweckt wird. Das Weckende ist, in anthroposophischer Ausdrucksweise, der *astralische Leib* des Menschen. [Rudolf Steiner sagt von ihm, daß der Mensch geweckt werde, wenn der astralische Leib (mit dem Ich) morgens in den schlafenden Organismus untertaucht.] Das, was in der Erinnerung erweckt werden muß, liegt unterhalb des astralischen Leibes; die Instanz, die das Erweckte im hellen Bewußtseinslicht begutachtet, liegt ebensoweit darüber. Die Beobachtung des Erinnerungsvorgangs liefert also eine selbständige, wiewohl noch ganz anfängliche Erfahrung von den drei höheren Wesensgliedern des Menschen, die für das gewöhnliche Bewußtsein zunächst verborgen sind. Grund genug, in der Betrachtung immer wieder zu den Geheimnissen des Erinnerns zurückzukehren!

In welcher Form enthält nun der Ätherleib die sogenannte Merkspur?

Der Selbstversuch zeigte schon, wie das Aufbewahrte einem festgehaltenen Rhythmus oder Klang viel eher zu vergleichen ist als einem aufgeschriebenen Wort. Es ist keine Vorstellung, sondern viel ähnlicher dem unanschaulichen Material, aus dem der Mensch die Vorstellungen in innerer Tätigkeit jederzeit hervorzaubern kann: den Begriffen. Auch die Begriffe können von uns zu Vorstellungen ausgestaltet werden; die Verrichtung gleicht sogar einigermaßen dem Aufputzen eines Merkphantoms! Hier sind Ähnlichkeiten, die darauf hindeuten, daß die Vergegenwärtigung einer Erinnerung und die «Versinnlichung» eines Begriffes verwandt sind. Tatsächlich beschreibt Rudolf Steiner, daß auch das Denken sich wesentlich mit Hilfe der Denkorganisation, das heißt des ätherischen Leibes, abspielt. Allerdings gibt das wenige, das wir im gewöhnlichen Bewußtsein vom Denken als Akt gewahr werden, nur ein unzulängliches Bild von der Lebendigkeit der Ätherleibesvorgänge. Man muß hinzunehmen, was oben über die musikalische und rhythmische Natur der Merkspuren gesagt wurde: denkt man daran, daß die Merkspur eine lebendige Melodie sei, so ist man dem Wesen des Ätherleibes schon näher.

Eine andere Seite des Ätherleibes ist seine Arbeit an der Wiederherstellung des physischen Leibes in der Nacht. Er ist der lebendige Architekt des Organismus, ohne den dieser zerfallen müßte. Auch diese Arbeit muß eine ordnende, harmonisierende, also musikalische sein. Und endlich «bewahrt» der Ätherleib nicht nur die Gedächtnisspuren, sondern auch die Körperform selbst: er erhält sie aufrecht und gibt sie in der Fortpflanzung auf die Nachkommen weiter. Er zeigt von einer neuen Seite die Fähigkeit, etwas Unanschauliches zu bewahren, so daß es später wieder anschaulich werden kann. (Das Beharrende in der vergänglichen Pflanzenwelt, der die Form bewahrende Ätherleib, ist selber unwahrnehmbar, ein Ordnendes; Goethe sah ihn «mit Geistesaugen» vor sich, weil er sich ihn «vergegenwärtigte».)

So kann man mehrere Gedankenreihen an einen Punkt hinführen, wo man durchschaut, warum beim Betrachten der Erinnerungsspuren sich dieselben Eigenschaften des ätherischen Leibes von innen darstellen, die nach außen in der Bildung und Umbildung der lebendigen Wesen und ihrer Organe wirksam sind. Vermöge des Denkens lernt man einsehen: was ich an Erfahrungen mit den Erinnerungsspuren in ihrem musikalischen und mit den Begriffen in ihrem logischen Zusammenhang gemacht habe, weist auf dasselbe, was im Wechsel der Stoffe die anschauliche Gestalt der Pflanze, des Tieres und des Menschen immer neu erhält: auf den ätherischen Leib.

Nun kann die Untersuchung sich auch auf die Rolle des physischen Leibes beim Erinnern ausdehnen. Es ist nämlich doch ein Unterschied zwischen der Vergegenwärtigung eines Begriffes und dem Bilden einer Erinnerung: diese letztere Tätigkeit lehnt sich noch stärker an den physischen Willensakt an. Die Erinnerungsspur ist wohl *begriffsähnlich*, aber doch *körpernäher* als ein Begriff. Die Anstrengung des Erinnerns hat den menschlichen Leib in einer spürbaren Weise zur Voraussetzung. Das Gefühl, daß ich im Erinnerungsakt einen Griff tue, weist auf eine Wirklichkeit hin, die erforscht werden kann.

Um hier weiterzukommen, muß man wiederum andere Erfahrungen heranziehen. Das Einprägen von Sätzen und sogar von Worten wird leichter gelingen, wenn es auf einen bestimmten Rhythmus abgestimmt ist. Schauspieler «skandieren» beim Lernen klassischer Dramenrollen mit absichtlicher Übertreibung. Schulkinder lernen Gedichte besser im Trapp-Trapp des Schulweges. Grammatische Regeln prägen sich gut mittels gereimter Sprüche ein, auch wenn diese noch so dürftig und gottverlassen sind (zum Beispiel Genusregeln). Melodien tragen, wenn man sie sich aneignet, ganz von selber ihren Text mit ins Gedächtnis ein, so daß der Musikalische keine Schwierigkeit hat, ein ganzes Operntextbuch auswendig herzusagen.

Selbst rhythmusfreie Klänge bekommen einen unterlegten Rhythmus, wenn wir sie in unseren Organismus aufnehmen. Das Tick-Tack der Uhr ist von uns selber interpretiert. Diese von uns «hineingehörte» Gliederung hilft wiederum zum Behalten. Hier gibt es eine hübsche Erfahrung, die das bestätigt: man liegt zuweilen ohne Schlaf, aber auch nicht vollwach, und hört eine Uhr (vielleicht im Nebenzimmer oder aus einem anderen Stockwerk) in der nächtlichen Stille deutlich schlagen: nachdem sie ausgeschlagen hat, ist man in willkürlichem Entschluß imstande, die Schläge zu zählen – es gelingt, weil man das Gehörte unabsichtlich gegliedert hatte (meist im Zweivierteltakt): an dem zarten Nachklang ist die Gliederung noch abzuhorchen und mit ihr die Schlägezahl.[14]

Solche Beobachtungen weisen darauf, daß die rhythmischen Vorgänge des Körpers (Atmung und Puls) das elastische Widerlager bilden, mit dem die erlebten Klänge aufgefangen werden und an das sich auch das Erinnern wieder anzulehnen strebt. Die Mitwirkung des Leibes beim «Merken» ist in einer solchen intimen Erfahrung bereits angedeutet. Anstatt der billigen Vorstellung von dem Gedächtniskasten (Kartothek-Hypothese) bekommt man einen, wenn auch erst anfänglichen Einblick in die lebendig-organische *Matrix*, in welche hinein die Aufzeichnungen des Gedächtnisses erfolgen.

Da das gewöhnliche Bewußtsein hier an eine Grenze stößt, muß der, der den Übergang in übersinnliche Wahrnehmung nicht wagen will, auf einem anderen Weg dem Wirken des

Leibes nahezukommen suchen: Bei krampfhafter Bemühung um ein Vergessenes machen manche Menschen sehr charakteristische Bewegungen mit den Armen oder Beinen; sie tun, als ob sie packen oder greifen, treten oder aufstampfen wollten (je nach dem Temperament); manche schlagen nur ein aufgeregtes «Schnippchen» in der Nähe der Schläfe. Daran kann man etwas sehr Wichtiges sehen, nämlich, daß der «Erinnerungsgriff» *in der Richtung auf die beweglichen Leibesglieder* erfolgt, daß er aber unter gewöhnlichen Bedingungen sie nicht wirklich anfaßt und bewegt. Er läßt sie still liegen und gleitet sozusagen an ihnen vorüber. Beim wirklichen Bewegen taucht die seelische Tätigkeit in die Glieder hinein und läßt das Bewußtsein erlöschen, während beim Erinnerungsgriff die «Stillegung» der sichtbaren Bewegung das Bewußtsein heller macht. Wer den Zusammenhang zwischen Anhalten des Körpers und Aufhellung des Bewußtseins begriffen hat, wird auch diese höchst merkwürdige Art des *Mitwirkens* des physischen Leibes begreifen. Er ist gleichsam nur da, mischt sich nicht ein, hält nur wider und bildet eine Grenze. Er darf nichts tun, muß nur zur Stelle sein. Und er muß in gesunder und frischer Form da sein: daher das Versagen der Erinnerungskraft bei müdem oder krankem Leib; dieser leistet nicht genügenden Widerstand, gibt an manchen Stellen nach.

Daß der physische Leib die anschlagende Erinnerungserregung anhält, sie gleichsam auffängt, sieht man an zappeligen Personen. Sie machen oft unkoordinierte Armbewegungen oder zucken beim Sehen von Bewegungen oder Hören von Worten. Sie sind aber auch nicht imstande, treu zu erinnern. Man kennt diesen Typ zum Beispiel aus der Schule als «Zappelphilipp»; dieser versagt im Gedächtnis. Etwas ganz anderes sind die *mitgehenden* Gebärden gesunder und lebensvoller Kinder; sie machen unwillkürlich beim Anblick von Dingen die Bewegungen, die beim Erwachsenen aufgefangen werden, sie bewegen zum Beispiel die Lippen beim Zuhören bei Gesprächen. Dies ist kein Fehler: sie erleben sogar sehr gut mit und erinnern gut. Wenn sie heranwachsen, halten sie sich still wie andere. Unser physischer Leib, wenn er Stützer und Helfer des Gedächtnisses sein soll, muß ruhig bleiben.

Es sind demnach bei der Tätigkeit des Erinnerns *alle vier Glieder* der menschlichen Erdenwesenheit beteiligt. Gerade die wunderbare Art, wie sie zusammenwirken, macht den Vorgang so dunkel und sein Studium so anziehend. Man sieht schließlich hinein in dies Zusammenspiel:

Der Impuls des «Besinnens» geht vom Ich aus, der astralische Leib greift und sucht, der Ätherleib bewahrt, der physische Leib hält gegen; dann geht es wieder aufwärts: der ätherische Leib gibt die Klangspur frei, der astralische Leib schmückt sie aus, und das Ich identifiziert.

Über diese letzte Phase wäre viel zu sagen: das Wiedererkennen ist eine oft übersehene Wunderleistung des Ich, so recht geeignet, die Sonderheit des menschlichen Kernwesens kundzutun. Erinnerungen müssen bezogen werden auf vergangene Ereignisse. Dieses Hindurchblicken durch das Erinnerungsbild auf das Erinnerte, diese *perspektivische Identifizierung* ist dasselbe, was unser Ich in ständiger Selbsterfassung zusammenhält, obwohl dies ohne unsere Absicht geschieht: unser Ich identifiziert ständig nicht nur die vergangenen Erlebnisse mit deren gedächtnismäßiger Repräsentanz, sondern es identifiziert sich fortwährend mit sich selbst; sein Einheitserlebnis ruht auf diesem Selbigkeits-Urteil ebenso wie das Tagesbewußtsein auf den Sinneseindrücken. Rudolf Steiner nannte die Ich-Wahrnehmung die erste «Intuition», die der Mensch des gewöhnlichen Erdenlebens faßt. Ein anschauendes Ergreifen wird zu einem Sich-Darinnenfühlen. Die Würde des höchsten Gliedes im Erdenmenschen ist damit ausgedrückt. Sie kündigt sich wunderbarerweise schon in einem so alltäglichen Ding wie dem Erinnerungsvorgang an.

Es gibt kein Feld der menschlichen Selbsterkenntnis, das nicht durch Anthroposophie von der Mahnung an den Menschen, sich seiner Gaben würdig zu machen, widertönte.

*

Einsichten verpflichten. Aber aus ihnen können auch Ratschläge kommen. Die Frage liegt nahe, was aus den vorangegangenen Einblicken in den Erinnerungsvorgang nun zur *Gedächtnispflege* zu sagen sei. Die gedächtnisschädigende Wirkung heutiger Gewohnheiten und der unvermeidlichen Lebensumgebung macht die Frage dringlich genug.

Ganz allgemein gilt, daß die gesamte Wesenheit des Menschen, wie sie vom Erinnerungsvorgang in Anspruch genommen wird, auch bei der Bemühung zur Besserung der erlahmenden Erinnerungsfähigkeit herangezogen werden muß. Man kann das Gedächtnis nicht bessern, ohne den Menschen selbst seelisch-geistig und leiblich gesünder zu machen. Mit Tricks ist da nichts zu erreichen.

Auf die *Lebhaftigkeit*, mit der ein Eindruck ergriffen wird, kommt zunächst fast alles an. Der Alltagsmensch ist schon abgestumpft durch die lästige Fülle, die auf ihn eindringt. Nun muß er sorgen, liebevolles Interesse für die Einzelheit aufzubringen. Er merkt sich meist nur, was ihn «angeht». Er muß trachten, willentlich sorgfältiger zu beobachten; und zwar Dinge, bei denen er sich dies Beobachten ausdrücklich vornimmt – am besten einen Zusammenhang in der Natur, den er noch nicht kennt.

Was hier empfohlen wird, berührt sich eng mit den Anleitungen, die Rudolf Steiner für die «praktische Ausbildung des Denkens» gegeben hat. Aber dies ist ganz verständlich, denn die Kraft des Wiedererinnerns ist der des Denkens eng verwandt. Die Welt, der wir in der Natur gegenüberstehen, ist von einem wunderbaren Weisheitsgefüge. Der beobachtende und sinnende Mensch versetzt sich in Zusammenhänge, die seinem ätherischen Leib (der aus Weisheit stammt) wohltun, an denen er sich wieder auffrischen kann. An Einrichtungen der menschlichen Zivilisation ist nicht Weisheit zu lernen, sondern nur Schlauheit, nicht Vorsehung, sondern Kalkulation. Deshalb ist die Versenkung in einen Zusammenhang, der dem trivialen Nachrechnen nicht ohne weiteres einleuchtet, auch für den ätherischen Leib gesünder. (Die geisteswissenschaftlichen Gedanken und Tatsachen sind von solcher Art.) Der ätherische Leib erhält auf diese Weise die Elastizität zurück.

Sehr förderlich sind, wenn ein Name und dergleichen entfallen ist, Bemühungen des Wiederfindens. Die oben geschilderten Versuche des stufenweisen Wiederbildens sind also zugleich auch Übungen. Nur darf man nicht hartnäckig nach dem Entfallenen bohren; es entsteht sonst eine Art Krampf, der ebensowenig durch Gewalt sich löst wie ein Muskelkrampf (übrigens ein neuer Hinweis, wie verwandt Erinnern und Greifen sind!). Man muß lernen, immer wieder «loszulassen», wie es in den Versuchen geschildert ist; nach dem «Verwerfen» des Falschen es immer wieder fallen zu lassen. Um dabei nicht das Ziel zu verlieren, versetze man sich in den kurzen Wartepausen – die nur wenige Sekunden zu dauern brauchen – jedesmal in den Zusammenhang zurück, in dem das Gesuchte steht, also im Schleiermacher-Beispiel denke man an die Biographie, die Werke, die betreffende Zeitlage und dergleichen. Man sucht damit zugleich das lebendig-logische Gewebe auf, in dessen Verbindungen das Verlorene einverwoben und unseren übersinnlichen Gliedern einverleibt ist. Erinnern ist eben doch ein «Ganzmachen».

Freilich gibt es keinen Eindruck, der nicht unwillkürlich in uns aufgezeichnet würde. Ob wir ihn wieder lebendig machen können, darauf kommt es an. Im Ätherleib des Menschen ist alles aufgezeichnet, und nichts geht verloren (das zeigt sich an dem Gedächtnispanorama nach dem Tod), aber für das Erdenleben muß jede wichtige Tatsache dem Erinnerungsgriff zugänglich sein. Das wird durch tätiges Miterleben bewirkt, solange die Ereignisse geschehen. Daß körperliche Frische dabei mithilft, weiß jeder. Ein gut gepflegtes Gedächtnis macht den Menschen gesünder; der elastisch gewordene ätherische Leib läßt dem physischen Leib Kräfte zufließen, während er ihn durchdringt. Ein verlottertes Gedächtnis ist eine ständige Anlage zur Erkrankung.

Eine sehr fragwürdige Sache sind *mnemotechnische Hilfsmittel*. Vor ihrer Anwendung sollte man sich klar machen, daß sie in der Herstellung künstlicher Vorstellungsverbindungen (sogenannte Eselsbrücken) bestehen. Man heftet dabei äußerlich zusammen, was *gedankenhaft* verknüpft und auf diese sinnvolle Weise behalten werden sollte. Man merkt sich zum Beispiel Geschichtszahlen ohne jeden Sinn, als wären sie Telefonnummern. Man prägt sich das Oberflächliche ein und vergißt den Zusammenhang. Durch Ersetzung von Zahlen durch Buchstaben bildet man Wörter, die dann krampfhaft mit der betreffenden Herrschergestalt, einer Schlacht, einem Friedensschluß und so weiter assoziiert werden müssen. Der Erfolg ist da: die Geschichtszahl kann irrtumsfrei reproduziert werden, aber die künstliche Verknüpfung ist ein Schaden, sozusagen eine Verletzung des ätherischen Leibes. Das künstlich Eingeprägte merkt man sich, aber die Frische der *Einprägsamkeit* geht verloren. Und so hat man das Behalten bestimmter Einzelheiten mit einer Einbuße viel größeren Ausmaßes bezahlt: mit der Verderbnis des lebendigen Organs, mit dem der Mensch die Erinnerung leisten soll. Man kann das Paradoxon wagen: Mnemotechnik verdirbt das Gedächtnis.

Eine vorzügliche Methode, das Gedächtnis zu ruinieren, ist die Beschäftigung mit Kreuzworträtseln. Die ganz sinnlose Art, in der man sich «besinnen» muß, ohne in einen lebendigen Zusammenhang einzutauchen, muß zerstörerisch wirken. Da wird ein Arzneimittel mit sieben und ein König mit vier Buchstaben verlangt, und der «Ratende» sinnt nicht nach, sondern springt und fährt wahllos in seinen Erinnerungen umher, greift dieses oder jenes auf, verwirft oder anerkennt nur nach Maßgabe der Wortklänge und der Buchstabenfolge. Es ist wie ein Hohn auf die weisheitsvolle Verknüpfung, die das Lebenselement unserer Bildekräfte ist, und man sollte sich gegenüber solchen Moden schon fragen, was für Mächte eigentlich ein Interesse daran haben, daß das Zusammenwirken unseres Seelisch-Geistigen mit dem auch die Gedächtnisspuren tragenden Organismus untergraben wird.

Rudolf Steiner empfiehlt in dem kleinen Buch über die «Praktische Ausbildung des Denkens»[15] ein Hilfsmittel für das Gedächtnis, bei dem man auf den ersten Blick stutzig werden könnte. Um die Erinnerung treuer zu machen, kann man, sagt er, eine vergangene Situation möglichst in Einzelheiten zu einem Bilde aufbauen. Wenn man aber nicht mehr alles zusammenbekommt, so soll man trotzdem das Bild vollenden und fehlende Einzelheiten – etwa die Farbe eines Kleides oder Gegenstände der Zimmerumgebung – willkürlich einsetzen. Dies scheint zunächst eine gewagte Sache. Doch man begreift den Sinn, wenn man bedenkt, daß die Hauptsache bleibt, auf die Herstellung eines *Ganzen* hinzuarbeiten. Die Erinnerung geht immer «aufs Ganze», und so kann man ihr, wo sie nicht zureicht, zu Hilfe kommen. Für die Übung sind willkürliche Einschiebungen viel weniger bedenklich als stehengelassene Lücken. Denn das Streben zielt gerade darauf, daß der Mensch bei *künftigem* Erleben immer weniger Lücken läßt.

Es sollen hier keine vollständigen Anweisungen gegeben, sondern nur gezeigt werden, wie alle Maßnahmen zur Besserung der Erinnerungsfähigkeit aus einem größeren Blickfeld erfaßt werden müssen, als es bisher oft geschehen ist. Die Erkenntnis, daß der Erinnerungsvorgang alle Wesensglieder des Menschen durchläuft, macht die Gedächtnispflege zu einer viel verantwortlicheren Angelegenheit. Denn wie gesagt: Einsichten verpflichten!

Erinnerung, Traum und Imagination – die malende Tätigkeit der Seele

Im gewöhnlichen Leben wird das Denken mühelos betätigt, so ohne besonderen Aufwand, daß der Alltagsmensch nichts von dessen ständigem Einfließen in die Kunde der Außenwelt bemerkt. In der gewöhnlichen Wissenschaft bedarf es bereits einer absichtlichen Bemühung, um die geregelte Erfahrung mit dem Denken zu meistern, und ein großer Teil dessen, was der wissenschaftliche Anfänger zu lernen hat, besteht im richtigen Gebrauch des Denkens. In der Geisteswissenschaft Rudolf Steiners wird das Denken selbst zum Forschungsorgan, das die Erfahrungen herbeiführt, und die Schulung des Denkens zu dieser höheren Fähigkeit beginnt schon bei seiner Anwendung auf die in der Geisteswissenschaft bereits erforschten übersinnlichen Tatsachen. Der Anfänger in der Sinneswissenschaft lernt die Tatsachen und Gegenstände der Sinnenwelt anschauend und denkend kennen. Der angehende Schüler der Geisteswissenschaft durchdenkt zuerst die Berichte des schauenden Bewußtseins, um dann später mit den Organen, die sich im verstehenden Beschäftigen gestärkt haben, die geistige Welt und ihre Vorgänge schauen zu können.

Das ständige Streben des Schülers geht daher auf ein gedankliches Fertigwerden mit den Tatsachen, die die übersinnliche Anschauung der Welt und des Menschen liefert. Dies kommt auch dem heutigen berechtigten Bedürfnis entgegen, über ein bloß allgemeines Reden und über bloß vage Vorstellungen vom Geistigen hinauszukommen. Unnötiges, voreiliges Theoretisieren fällt von selber weg, und an dem praktischen Umgang mit dem Durchdachten reift die Überzeugung von der Wirklichkeit der übersinnlichen Dinge, während das Hin und Wider prinzipieller Bejahung oder Leugnung noch den Vorhof der werdenden Wissenschaft erfüllt. Diese Wissenschaft ist schon längst zur sachlichen Arbeit übergegangen und hat schon Erfolge hinter sich, während die Ganzgescheiten noch dartun, sie existiere gar nicht.

Ohne noch selbst zu schauen, sich Begriffe für Übersinnliches aneignen, hilft unaufhaltsam fort. Gerade *alltägliche Erlebnisse* verlangen nach Erarbeitung im Geist. Die geistige Welt ist eben nicht «droben irgendwo», sondern die zeugende Grundlage der Sinneserscheinungen. Überall, wo wir dieser auf den Grund gehen (und das geschieht im sorgfältigen Durchdenken), tauchen wir bereits in das tätige Weben des Geistes ein.

Das gegenwärtige und die folgenden beiden Kapitel führen den Leser daher ganz untheoretisch in konkretes geisteswissenschaftliches Arbeiten ein, indem sie Erfahrungen, mit denen *jeder* Mensch zu tun hat, zum Gegenstand nehmen und bis in ihre geistigen Untergründe hinein verfolgen. Zusammen führen diese drei Abschnitte in die drei Stufen der übersinnlichen Erkenntnis, wie sie Rudolf Steiner beschrieben hat, ein.[16]

*

Als *Imagination* bezeichnet die Anthroposophie die erste Stufe übersinnlichen Erkennens, auf welcher die Welt sich nicht den Sinnen und dem Verstand offenbart, sondern in Form von Bildern, die dem geistigen *Schauen* aufgehen. In der Art, wie sie aufsteigen, erinnern diese Bilder an Traumeindrücke; in der Eindeutigkeit des Hinweisens auf ein reales Geschehen aber sind sie eher der Erinnerung zu vergleichen – mit dem Unterschied, daß sie etwas Gegenwärtiges wiedergeben. Man könnte sie «geistige Wahrbilder» nennen.

Um zu verstehen, was Imaginationen sind und wie sie erlebt werden, kann man zunächst an die Erinnerungen anknüpfen. Diese steigen im Menschen so auf, daß er ihren Ort nicht genau angeben kann; er sieht sie mit der Seele, innerlich, und glaubt, sie doch vor sich zu haben; er steht Bildern gegenüber, die er selber aufgerufen hat oder die unvermutet an ihn herandringen. Er ist dabei absichtlich oder unvermerkt tätig gewesen, indem er durch eine unwahrnehmbare Anstrengung des Leibes (den «Erinnerungsgriff», siehe voriges Kapitel) aus der im

Organismus bewahrten bildlosen Gedächtnisspur ein Bild geformt hat, das er mit wachem Ich nunmehr wie etwas Äußeres anschauen kann. Genaue Untersuchung, auf welche Art vergangene Ereignisse sich uns einprägen, weisen darauf hin, daß die Nachwirkungen eine Verbindung mit unserem ätherischen Leib eingehen und von ihm bewahrt werden. Diese Merkspur ist kein räumlicher Abdruck, sondern ein dem lebendigen Zeitorganismus von der Seele eingeprägtes Zeichen. Die Seele selbst muß im Aufgreifen dieses «Siegels» sich das Bild des Vergangenen von neuem malen. Auch wenn sie ein Wort oder einen Namen wieder aufruft, kann sie ihn nicht äußerlich ablesen, sondern muß ihn aus dem «vorschwebenden» Phantom zum faßbaren Klang ausgestalten.

Es handelt sich also beim Erinnern um eine *Tätigkeit der Seele*, die sich selber ein Ereignis vor Augen malt und dabei sich auf eine Merkspur stützt, die sie in den ätherischen Organismus gesetzt hat. Das wahre Eigenwesen des Menschen prüft das entstandene, von der Seele gemalte Bild und erkennt darin das vergangene Ereignis wieder. *Die Merkspur schläft, die malende Seele träumt noch, das beurteilende Ich wacht.* Alle drei aber haben zum Erinnern die Anlehnung an den physischen Leib (Raumesleib oder Körper) nötig. Er hilft durch seine eigentümliche Rolle des Gegenhaltens, durch jenen weckenden Widerstand, den wir zum Beispiel auch beim Aufwachen fühlen können, dem Menschenwesen zur Vergegenwärtigung dessen, was sonst traumhaft vorschweben würde.

Darin unterscheidet sich die Erinnerung vom *Traum* (der auch Bilder liefert), daß das Ich die Erlebnisse an den zuständigen Ort und in die richtige Zeit versetzt, während die Traumbilder einen unsicheren und für den Träumenden ganz unbekannten Bezug haben. Wiederum ist in diesem «Versetzen» eine Fähigkeit des Ich zu erblicken, zu der es der Leibesstütze bedarf. Man kann in einzelnen Fällen sogar sehr deutlich erleben, wie der Leib uns zum Unterbringen der Erinnerungen an der richtigen Stelle behilflich ist: wenn wir uns im Aufwachen aus dumpfem Schlaf erst «zusammennehmen» und die Traumbilder «abschütteln» müssen; dann fassen wir uns selber und den Körper erst wieder richtig an (manche tun es sogar physisch, indem sie sich selber am Arm packen oder sich kneifen); beim Auftreten auf die Füße tut das Ichbewußtsein sogar einen ordentlichen Sprung ins Helle.

Im Wachen ist unser viergliedriges Wesen so ineinander gefügt, daß der astralische Leib und das Ich in den ätherischen und physischen Leib untertauchen. Dabei geht der astralische Leib eine Verbindung vorwiegend mit dem Ätherleib ein, das Ich aber verbindet sich stärker mit dem physischen Leib. Erst wenn man dies bedenkt, hat man ein brauchbares Bild vom Aufwachen. Das übersinnliche Schauen hat das Bild des Eintauchens als Wahrnehmung vor sich; das Nachdenken kann seine Wahrheit einsehen.

Während des Schlafes sind der astralische Leib und das Ich nicht in die beiden anderen Wesensglieder eingefügt. Sie haben während dieses Zustandes Erlebnisse, doch kommen sie dem Menschen wegen des fehlenden Rückhalts am Leib nicht zum Bewußtsein; er ist diesen Erlebnissen vielmehr so hingegeben, daß er sie nicht vorstellen kann – das eben bedeutet «schlafen». Nur in den Träumen verrät sich eine, wiewohl ungeordnete Kraft der Vergegenständlichung der nächtlichen Erlebnisse; unser astralischer Leib *entwirft Bilder* von oft großer Kühnheit, doch in ungezügelter und unzuverlässiger Art; phantastische Verzerrungen, in denen das Ich nicht die wirklich durchlebten Tatsachen wiederzuerkennen vermag: das eben bedeutet «träumen».

Die traumbildende Kraft des astralischen Leibes wendet sich im Aufwachen zum größeren Teile dem Leib zu und wird zur *Kraft der Wahrnehmung*. Den Übergang kann man gelegentlich im Aufwachen verfolgen, wenn ein Traumbild in die Alltagsnüchternheit zurücktritt: die dem am Schreibtisch Eingenickten nahende und ihn umschwebende Gestalt mit den langen, wehenden Armen wird mit einem Ruck auf respektvolle Entfernung gedrängt, flacht sich ab und verwandelt sich in den an der Wand hängenden Schlafrock[17], die romantisch entstellte, zu einem Drama aufgeputzte Situation wird auf ihre philiströse Grundlage zurückgeführt; die traumbildende Kraft ist zur Wahrnehmung «herangebändigt», wie es Rudolf Steiner gelegentlich ausdrückte. Die Bändigung geschieht durch das Hineintauchen in den Organismus: der Erwachende öffnet seine Sinne, die ihm nun den Weg in die physische Welt freigeben.

Im Erinnerungsakt ist die bildschöpferische Kraft des astralischen Leibes noch erkennbar, nämlich in der Ausgestaltung der Merkspur zum aufsteigenden Vergangenheitsbild. Doch geschieht diese Ausgestaltung, wie es im vorigen Kapitel genauer nachgewiesen ist, unter der Aufsicht des Ich, das – unter ständigem Rückhalt am Leibeswiderstand – die Bildwerdung überwacht und die gewordenen Bilder in ihre zeitlichen und räumlichen Orte drängt. Da die Merkspur eine Nachwirkung des vergangenen Erlebnisses ist, wendet sich das Ich, indem es die bildhafte Ausgestaltung überwacht, in die Vergangenheit zurück, gleitet gleichsam in dieser inneren Wahrnehmung ins zeitlich Zurückliegende hinein, wie es in der äußeren Wahrnehmung ins räumlich Umliegende hinausgleitet.

Traum, Erinnerung und Wahrnehmung erscheinen auf diese Art als Metamorphosen einer und derselben Tätigkeit, die sich jedesmal stärker an den Organismus anlehnt und schließlich sich ganz seiner als Werkzeug bedient.

Nun taucht aber ein Teil unseres Seelenlebens auch am Tag nicht völlig in den sinnestragenden Leibesorganismus unter. Was dieser Teil erlebt, wird also nicht in äußere Wahrnehmungen verwandelt und damit zugedeckt, sondern verbleibt im Seelischen; es wird das Erlebte auch nicht zum Bewußtsein gebracht, da der Leibesrückhalt – eben wegen des unvollständigen Untertauchens in den Organismus – mangelt. Es sind trotzdem *Erlebnisse*, die innerlich durchgemacht werden; «unbewußt bleibende Wahrnehmungen» könnte man sie nennen, für die die Kraft der Vergegenwärtigung nicht zureicht und die daher flüchtig und unbemerkt vorüberhuschen.

Diese Erlebnisse werfen trotzdem ihre Wirkungen ins Bewußtsein herauf; es sind dies jene «Ahnungen» fördernder und hemmender Art, die jeder kennt, in einer vergröberten Form auch als Stimmungen und Launen, die niemals ohne Grund, aber immer aus dem Tagesleben unbegründbar sind. Die zugrunde liegenden Erlebnisse der Seele sind für gewöhnlich zart und vergänglich. Und wie bei Nacht die traumbildende Kraft des Astralleibes zu einer zulänglichen Verbildlichung der Erlebnisse nicht langt, so hat der Mensch für die Tagträume bei weitem keine zureichende Vergegenwärtigungskraft. *Er verzerrt seine Nachtträume, die übersinnlichen Erlebnisse entfallen ihm, ehe er sie festhalten kann.* Es bleibt keine Erinnerung davon zurück, höchstens ein schwacher Nachklang davon, daß «etwas» verändert ist.

Der Mensch muß, um diese flüchtigen Erlebnisse (die jeder hat, ohne davon zu wissen) festhalten zu können, lernen, ohne Anlehnung an den Organismus wachzubleiben – also sich bei Bewußtsein zu halten, ohne den oben besprochenen Rückhalt am Leib zu haben.

Wohlverstanden: ohne seinen Organismus würde der Mensch das Wachen gar nicht erlangen können; ist er aber imstande zu wachen, so kann er *lernen, es zu bleiben,* ohne daß jene Stütze ihn noch hält. (So wie wir ja auch in der Kindheit das Erlebnis des Ich am Leibeswiderstand gewinnen, das gewonnene Eigenbewußtsein aber dann weiter bewahren.) Er lernt es in jenen vielbesprochenen Übungen der Meditation und Konzentration, die Rudolf Steiner in seinen Schriften angegeben hat.[18]

Diese Übungen sind hier nicht zu beschreiben, sondern nur in ihrer Wirkung zu begründen. Indem der «Meditierende» absichtlich bestimmte Inhalte unter Ausschaltung aller ablenkenden Nebendinge (Wahrnehmung oder Erinnerungen, die ihn stören wollen) in der Seele festhält, übt er sich im «Halten», das keine äußere Veranlassung hat. Was er da festhält, ist in seiner Seele nur deshalb, weil er will, daß es in ihr sei. Es kommt weniger auf den Inhalt an als auf die Kraft, mit der der Meditierende seine Aufmerksamkeit darauf lenkt. Und diese Kraft wächst im Laufe des Übens, das regelmäßig wiederholt wird. Von diesen Verrichtungen, die vom übrigen Tagesleben ausgesondert sein müssen, aber nur kurze Zeit zu dauern brauchen (Regelmäßigkeit ist wichtiger als lange Ausdehnung des Meditierens), strahlt eine zunehmende *Fähigkeit des Wachens* aus, eine wachsende *Vergegenwärtigungskraft*, die dem Menschen nicht vom Leib her zukommt, sondern vom Ich, das sich selber Stütze gibt. Die übersinnlichen Glieder des Menschen lernen, auch ohne Hilfe des Leibes «beieinander» zu bleiben und nicht die «Fassung» zu verlieren. Sie behalten einen geordneten, für das Gewahrwerden der nichtsinnlichen Welt geeigneten Zustand, sie können wie Organe zur Vermittlung dieser anders gearteten Sphäre dienen.

Die *Fähigkeit der zulänglichen Verbildlichung des Übersinnlichen* nennt Rudolf Steiner die *Imagination*. Sie ist die wache und verantwortlich gewordene Phantasiekraft des Astralleibes, die im Traumleben noch ungebändigt und unzuverlässig sich betätigt. Sie verrät im Traum nur die eine Seite ihres Könnens: die Unerschöpflichkeit ihres Reichtums an vielsagenden Bildern; sie erwirbt als geschulte Imagination jene *Rechtschaffenheit* hinzu, durch die dem Erlebnis neben der Eindringlichkeit der Veranschaulichung auch Zuverlässigkeit der Wiedergabe gesichert wird. Sie macht sich also jene Sachlichkeit zu eigen, die der Mensch nicht von seinen Träumen, aber von seinen *Erinnerungen* fordert, auf deren bildschöpferische Gabe er angewiesen ist, denen er kein Abweichen von der Wahrheit gestattet.

So kann eingesehen werden, wie in der Imagination die Schöpferkraft des Traumbildes mit der Verantwortlichkeit der Erinnerung vereinigt ist. Die Seele hat darin gelernt, sonst unbewußt bleibende Erlebnisse in Bildern vor sich hin zu malen und sie sich so zu vergegenwärtigen. Das Ich aber, das in der (leibfreien) Imaginationsfähigkeit lebt, gibt diesen Bildgestalten den sachlich richtigen Bezug; so wie es beim Erinnern das ausgeformte Bild der Vergangenheit in die richtige Zeit und an seinen Ort bringt (also anordnet), so deutet es die Imagination in der Richtung auf die ihr entsprechende übersinnliche Wirklichkeit. Im Traumbild bleibt die Entsprechung unzulänglich oder gar völlig verhüllt; in der Imagination hat die wache Seele die Bürgschaft dafür übernommen, daß das Bild eine Wahrheit ausspricht. Deshalb haben wir oben die Imaginationen «geistige Wahrbilder» genannt.

Zur weiteren Erläuterung des Wesens der Imagination seien einige ihrer Gegenstände genannt. Wie das sinnliche Anschauen der Pflanze die Gestalt in ihre Teile auseinanderlegt (die dann der Verstand unterscheiden und benennen kann), so nimmt die Imagination die «lebenerfüllte Kraftgestalt» übersinnlich wahr, die alle diese Teile durchdringt und sie zu Organen eines Ganzen macht. Sie faßt auf diese Weise in bildhaftem Gewahrwerden etwas als Einheit, was für die Sinne eine Vielheit ist. Sie nähert sich also dem, was das Denken – aber eben bildlos – als Begriff der Pflanze (der auch eine Einheit, wiewohl eine «bloß gedachte», darstellt) besitzt, ohne eigentlich zu wissen, wie. Man kann, von dieser Seite her, das Imaginieren auch ein lebendig gewordenes, von der bildlosen Abstraktion befreites Denken nennen, ein denkendes Anschauen, wie Goethe sagte. Zu solcher Neuformung braucht das Denken allerdings die wache Verantwortlichkeit, die der Mensch nur an der Sinnenwelt lernen kann. Es ist nötig, daß der Imaginierende immer wieder zur Sinneswirklichkeit sich zurückwendet, um zu prüfen, ob sein Bildschauen zuverlässig ist und vor den wachen Sinnen und dem gesunden Urteil bestehen kann.

Niemand kann richtig imaginieren lernen, der nicht gesund und nüchtern denken dann. Die Schulung, die uns das Stehen in der Sinnenwelt gibt, ist eine Wohltat, die nur der verachtet, der im Geistsuchen nicht Wahrheit, sondern Erfüllung heimlicher Wünsche anstrebt. Das im Leben tauglich gewordene Denken kann lehren, wie man eine eigene Tätigkeit ausübt (denn *ich* denke), doch unter Kriterien, die der Willkür entzogen sind (denn ich denke nicht willkürlich, sondern logisch). Auch im Denken verrichte ich eine subjektive Anstrengung, aber mit objektiver Kontrollmöglichkeit: ein wahrhaftiges Vorbild für die Erfordernisse, denen ich auf dem imaginativen Pfade genügen muß. Wer sie nicht erfüllen mag, der *taugt* (nach Rudolf Steiners eigenen Worten) *nicht zum Geistesschüler*.

In den Imaginationen ist der objektive Anlaß zur Bildentstehung die Anwesenheit eines Wesens der geistigen Welt oder dessen Tätigkeit. Beides kann die Seele in einem bedeutungsvollen Bild sich vormalen. Bei der Erinnerung ist der Anlaß die vom Menschenwesen im Organismus bewahrte Gedächtnisspur, das Ereignis war einstmals als Eindruck von den Sinnen entgegengenommen. Beim Imaginieren sind beide, bewirkte

Spur und bewirkendes Ereignis, außerhalb des Sinnesbereiches. Aber die an der Sinnenwelt und ihrem Verständnis geübte und erworbene Kraft ist noch in dem Imaginieren mit wirksam; sie bleibt bei allem übersinnlichen Wahrnehmen – gewissermaßen im Hintergrund – als Verantwortung tätig.

Hier stößt man auf die unabschätzbare Rolle des moralischen Faktors in jeglichem Verhalten zum Übersinnlichen: das Moralische ist wie das Rückgrat der Organisation, die hier die Wahrnehmung vermittelt. Wie bei der gewöhnlichen Wissenschaft das erworbene *Wissen* allem weiteren Vordringen den Rückhalt liefert, so gibt in der geistigen Forschung das geschärfte *Gewissen* den Rückhalt der ersten Stufe des Schauens ab. (Hier wird schon merkbar, wie eine Art Metamorphose des Gewissens sich als die nächste Stufe ergeben wird, wovon das folgende Kapitel handelt.)

Zu Gegenständen der imaginativen Wahrnehmung können übersinnliche Tatsachen jeglichen Ranges werden. Die «malende» Tätigkeit der Seele kann sich auch solchen Wesen leihen, die von sich aus sich nicht im Feld der übersinnlichen Formen und Farben offenbaren würden, das heißt einer höheren Sphäre als der «imaginativen Welt» angehören. Es bleibt dann die Imagination eine vorläufige Ankündigung, ein Behelf, ein Geistesbote (Angelos), der voraufgeht. Bis in die Tiefen uralter Weltentwicklungszustände können daher imaginative Erlebnisse blicken lassen. Es bleibt aber das Durchschauen solcher Bilder denen vorbehalten, die zur Imagination noch weitere und höhere Fähigkeiten hinzuerwerben. Die bildhaften Schilderungen der Erdenvergangenheit in Rudolf Steiners Buch «Die Geheimwissenschaft im Umriß» sind daher wohl der imaginativen Gabe zu verdanken, ruhen aber auf dem Walten noch anderer Kräfte als dem Formen geistiger Wahrbilder.

Die eigentliche Heimatwelt der Imagination ist die der sinnlichen Außenwelt zugrunde liegende und in ihr wirkende lebendige Kräftewelt (Welt der ätherischen Bildekräfte), die in Pflanze, Tier und Mensch sich als «Ätherleib» stufenweise individualisiert. Wunderbar vielfältig wie diese Welt selbst sind die Schilderungen, die Rudolf Steiner davon gab: eine

Welt der Bildung und Umbildung, ständigen Sprossens und Vergehens, Aufkeimens und Schwindens, der Aufopferung, des Überganges und des Neuerstehens. Wieviel Wachheit und wieviel Geistesgegenwart zum Ergreifen und Schildern solcher wandelbaren Welt gehört, das ahnt der, der mit dem Reich des üppigsten Gestaltenwandels auf der Sinnesseite des Daseins Bekanntschaft macht: mit den Pflanzen – und auch der, der ein noch reicheres Feld des Wandels kennt, allerdings nicht äußerlich-anschaulicher, aber desto unerschöpflicherer Metamorphosen: in der menschlichen Seele.

Nachformend und nachsinnend kann der Suchende die im Schauen beschriebene Bildwelt miterleben. An dem Studium von Imaginationen bildet sich die imaginative Fähigkeit, wie das Auge am Licht und für das Licht.

Das Bemühen, *gedanklich* mit diesen den Sinnen entrückten Dingen fertig zu werden, trägt schon reichen Gewinn. Es keimen unter der Bemühung die zarten Organe eigenen Schauens. Zieht sich unverbrüchliche Gewissenhaftigkeit und unbestechliche Sachlichkeit durch das Studium hindurch, so daß kein Hinschielen auf «Erfolg» und kein heimliches Hineinwirken von eigensüchtigen Wünschen (eine Rolle zu spielen) mehr stattfinden kann, so sind die *moralischen* Vorbedingungen erfüllt, die auf dem Gebiete geistiger Forschung immer auch zugleich die *sachlich-entscheidenden* sind.

«Wenn du *einen* Schritt vorwärts zu machen versuchst in der Erkenntnis geheimer Wahrheiten, so mache zugleich *drei* vorwärts in der Vervollkommnung deines Charakters zum Guten.» (Rudolf Steiner)[19]

Gewissen und Inspiration – das Geistgehör des Menschen

Wo immer vom Inhalt der Anthroposophie gesprochen wird, ist auch alsbald hinzuzufügen, auf welchem Weg diese Erkenntnisse erlangt werden. Rudolf Steiner hat nicht umsonst unmittelbar dem grundlegenden Buch «Theosophie» das Kapitel über den «Pfad der Erkenntnis» eingefügt. In kürzester Frist folgte diesem Buch das andere: «Wie erlangt man Erkenntnisse der höheren Welten?» – die erste umfassendere Einführung in jenen unentbehrlichen Teil jeder Wissenschaft, den man *Methodik* nennt –, und später ging dann kein Buch und kein Vortragszyklus ohne Auseinandersetzungen über die Stufen der höheren Erkenntnis vorüber.[20]

Damit ist dem Schüler die Verpflichtung auferlegt, bei jeder einzelnen Tatsache aus dem Gebiet der Anthroposophie sich die Geisteshaltung zu vergegenwärtigen, für die sie erst zur Tatsache hat werden und zur Mitteilung an ihn hat gelangen können. Es gibt dann kein leichtfertiges Weitergeben und Wiedergeben mehr, jede Einzelheit trägt den Stempel jenes Ernstes, mit dem sie errungen wurde.

Mit dieser Belastung auf der einen Seite wird auf der anderen etwas sehr Schönes gewonnen: ein freieres Verhältnis zu jedem der Inhalte. Nichts braucht mehr auf Glauben hingenommen, alles kann von dem nachgeprüft werden, der sich auf den Weg dazu macht. Mit jener Strenge ist diese Freiheit, dünkt uns, nicht zu teuer erkauft. Denn es gibt für einen Menschen von heute nur die eine Möglichkeit: der Wahrheit frei gegenüberzustehen und sie aus eigenem Entschluß anzuerkennen.

Es ist in diesem Buch durchweg angestrebt worden, alles Gesuchte und Seltsame zu umgehen und das Verständnis der Anthroposophie an allbekannte Erlebnisse (die deshalb noch nicht die meistbeachteten sind) anzuknüpfen. Für die höheren Erkenntnisstufen scheint zunächst solche Anknüpfung gar nicht aussichtsvoll, weil nicht einzusehen ist, wie man unbekannte und dem Alltagsbewußtsein fremde Erlebnisarten an alltäglichen sollte erläutern können. Es kommt hier das *Prinzip der Metamorphose* zu Hilfe: alltägliche Seelenvorgänge lassen sich als umgewandelte und in einen anderen Bereich versetzte höhere Fähigkeiten erkennen und umgekehrt: diese höheren als gesteigerte und von gewissen Hemmnissen befreite Möglichkeiten, die in *jedem* Menschen schlummern.

Für die erste Stufe, die der Imagination, konnten (im vorigen Kapitel) die Erinnerung und der Traum als Beginn einer Verständlichkeit dienen: in beiden ist *etwas* von der Imagination spürbar, aber erst beide «Tugenden» (wie man im Mittelalter gesagt hätte) vereinigt[21], können einen Begriff von einem Zustand geben, der andernfalls dem, der ihn nicht praktisch schon erlangt hat, unverständlich bleiben müßte. So aber läßt sich auch vom Nichtschauenden verstehen, daß dieselbe Seelentätigkeit, die am Tage, nach der Seite des Leibes gewendet, vergangene Ereignisse ins Bild ruft (Erinnerung) und vor dem Aufwachen die unerkannten Erlebnisse in willkürlich-ungebärdige Symbole verhüllt (Traum), sich nach einer anderen Seite – vom Organismus weg – wenden kann und dann, wenn sie wach genug dazu ist, Eindrücke der geistigen Welt in lebendigen Bildern wiedergibt (Imagination).

Für die nächste Stufe, die Inspiration, wird die Aufgabe schon schwieriger. Inspiriertsein ist wie ein weiteres Aufwachen aus dem Imaginationszustand. Dieser kann ein Anschauen von Bildern genannt werden, jenes ist von Rudolf Steiner mit dem *Lesen* einer übersinnlichen Schrift verglichen worden. Dieser Vergleich hilft insofern ein Stück vorwärts, als auch im gewöhnlichen Bewußtsein der Unterschied zwischen dem bloßen Anblicken und dem Lesen von Schriftzügen gespürt wird: es ist ein Unterschied in der Wachheit. Was der Lesende über das Anblicken hinaus eigentlich leistet, beachtet er für gewöhnlich nicht, weil es eine unvermerkte Tätigkeit ist. Durch noch so genaues Ins-Auge-Fassen der Buchstabenformen ist dabei gar nichts gewonnen (nur das Kind meint in der

bekannten Erzählung, es liege an der Brille und dem besseren
«Sehen»); viel eher kann man sagen, daß beim Lesen die Buchstabenformen wohl gesehen, aber sogleich wieder vergessen
(oder übersehen) werden, weil die Aufmerksamkeit auf ein
anderes Feld überspringt, das gleichsam zwischen oder hinter
den Buchstaben erst auftaucht. Auf das Gewahrwerden dieses
Sprunges kommt viel an: die Buchstabenformen werden noch
beachtet, aber es bleibt nicht beim Nachfahren ihrer Gestalt,
ihrer Grundzüge und Verzierungen; der Blick sieht nach ihnen,
aber er sieht sich nicht daran fest[22], sondern erfaßt den Zug
(Duktus) und gleitet sogleich weiter. Man liest nicht Buchstaben, sondern Silben und Wörter, ja ganze Satzteile im Zuge
eines Blickes. Man liest durch Tilgen des einzelnen Letternbildes. Lesen heißt: gesehene Buchstaben fallen lassen und behalten, was sie durch ihre Aufeinanderfolge angedeutet haben.
Und so hieße Inspiriertsein: Imaginationen tilgen, um sie wie
einen Text zu verstehen.

Nach dieser mehr formalen Beschreibung des Überganges von
der Imagination zum Inspiriertwerden möge sich der Leser in
folgende Andeutung über die Art, wie Inspirationen erlebt
werden, versetzen.

Der Mensch trägt gewisse intime Seelenerfahrungen in sich,
über die er nicht zur klaren Rechenschaft kommt, die ihn aber
doch zeitweise stark beschäftigen. Er kann sie zwar abwehren,
aber sie kommen wieder. Der Versuch, sie ins innere Blickfeld
zu bekommen, mißlingt; es handelt sich nicht um Erlebnisse,
die sich im Bilde vorstellen lassen. Es sind nicht Spuren äußerer
Ereignisse. Sie schweben so «vor», als ob sie Vergessenes darstellten; etwas, das wir erlebt haben, ohne jetzt «darauf kommen» zu können.

Noch eines zeichnet dieses Vorschwebende aus: es betrifft
uns selbst, unser moralisches Wesen. Dies ist, was uns nicht
losläßt: ein dumpfes, starkes Gefühl, daß etwas nicht stimme.
Es ist keine Erinnerung, aber etwas, was sich an die Erinnerung
eines Getanen oder Unterlassenen anknüpft. Nur indem wir
dies Getane oder Unterlassene uns wieder vergegenwärtigen,
die ganze Lage, in der wir (gestern oder jüngst oder damals)

waren, ist auch jenes dumpfe Erlebnis wieder da, das dazu gehört. Es will uns etwas sagen.

Ein vergessenes Wort oder einen Namen können wir seinem Vorschwebezustand entreißen und aussprechbar machen. Was aber da in uns raunt, bleibt bildlos, läßt sich nicht zum Sprechen bringen. Nur, worauf es sich bezieht, daran ist kein Zweifel, denn in dieser Hinsicht ist die zuraunende Stimme, deren Worte wir nicht verstehen, unheimlich eindeutig.

Wir meinen die «Stimme» des Gewissens. Sie bleibt im Hintergrund. Sie ist wie hinter einer Tür; wir fühlen ihre Nähe. Wir wissen nicht, was sie sagen will. Aber wovon sie reden würde, wenn sie redete, das wissen wir sehr genau. Wie wenn jemand draußen auf uns wartete und wir wüßten im voraus, wovon er zu sprechen anfangen würde, wenn er erst die Tür geöffnet hätte; er bleibt draußen; er pocht nur an; in bescheidenem Abstand.

Deshalb sagen wir, das Gewissen «schlage». So wie das Herz schlägt.

Dies ist der entscheidende Unterschied von der Erinnerung, die sich doch immer früher oder später der Bemühung ergibt. Es ist kein Griff der Seele, der die Gewissensstimme hervorholen könnte. Das Gewissen muß hinter den Erinnerungsbildern schweben, das Verlangen reicht nicht bis zu ihm.

Es muß das Gewissen also in einer Region lebendig sein, die dem Zugriff der Erinnerung entzogen ist. Was wir beim Erinnern als Merkspur im Organismus tragen, muß beim Gewissenserlebnis mangeln. Wenn es ein Erlebnis war, so muß es vorbeigegangen sein, ohne eine dem Ätherleib eingeprägte Merkspur hinterlassen zu haben.

Wer die Erinnerung und was sie kann, verstanden hat, versteht auch das Gewissen und was es nicht kann. *Das «Raunen» der Gewissensstimme ist wie ein Erinnerungsversuch, in dem es beim Vorschweben bleibt und der dann aufgegeben wird.*

Um finden zu können, was in der raunenden Stimme heraufdringen möchte, bedarf es wiederum der schon bei der Imagination besprochenen *«höheren»* Wachfähigkeit, welche imstande ist, ohne den Widerstand des Leibes sich bei Bewußtsein zu halten. Es wird nun gegenüber den Untergründen des

Gewissens eine noch stärkere Unabhängigkeit des Seelisch-Geistigen erforderlich. Es muß sogar der bildschaffenden Fähigkeit des Astralleibes entraten können und doch «*bei sich*» *bleiben*. Im Traum webt die Seele ihre Erlebnisse in fragwürdigen Bildern vor sich hin und ist dabei nur halbwach. Im Erinnern zaubert sie die dem Ätherleib eingeprägte Wirkspur vergangener Ereignisse zu ebenbürtigen Abbildern um und hält sich daran wach. In der Imagination malt der astralische Leib ätherische Wahrbilder, in denen geistige Wesen und ihre Taten sich bildhaft offenbaren. In der Inspiration hat der astralische Leib auch diese Stütze nicht mehr: nun gilt es, die umgebende Welt sich noch unmittelbarer zu vergegenwärtigen, als es im Bild geschehen könnte: es geschieht durch das Mittel des geistigen *Klingens*. Inspiration bedeutet, dem Geistgehör ertönen.

Dies Erleben geistiger Kundgabe durch Klänge hat, nach Rudolf Steiners Schilderung, jedes menschliche Seelenwesen nachts, wenn es sich naturgemäß nicht mehr an Leibesgeschehnisse anlehnt – aber es ist nicht imstande, beim Erwachen sich dessen zu entsinnen. Der Geistesschüler, der sich das Wachen der Seele zu wahren gelernt hat, auch wenn der Leib dem Schlaf hingegeben ist (es gelingt dies im Anfang stets nur für die kurzen Zeiten, in denen sich die Dumpfheit des Schlafes aufhellt), durchlebt bewußt, was der andere unbewußt – und deshalb nicht weniger lebhaft – durchmacht.

Er durchlebt die Ereignisse des abgelaufenen Tages, gewöhnlich nur abschnittsweise, später lückenlos, bewußt, in rückwärtigem Ablauf sich folgend; er geht sie noch einmal durch, so aber, daß die eigensüchtigen Verdunkelungen des Tagesdaseins nicht mehr hineinwirken. Nun erkennt die Seele, was wirklich geschah, während sie – in ihrer eigenen Unvollkommenheit befangen – am Tage nur die Seite der Erlebnisse faßte, die diese ihr zuwandten. Bei Tage klang in ihr vernehmlich nur, was sie bei jedem Ereignis und bei jedem Tun selber empfand; nun aber fühlt sie sich *durchtönt von dem, was die geistige Welt zu ihrem Tun und Lassen zu sagen hat*.[23] In diesem Rückwärtserleben ist das Menschenwesen also auf eine Stufe der Selbstbeurteilung erhoben, die es allein nicht erreichen könnte, auf der es sich vielmehr getragen und durchdrungen fühlt von einer überirdischen Moralität, die die Schranken erdenenger Argumentation überwunden hat und die Geschehnisse in einem viel umfassenderen Rahmen abwägt: nach dem nämlich, ob sie in der Gesamtwelt aufbauend oder zerstörerisch wirken. Die Menschenseele also «erwägt» nachts mit, ist selber zugegen, wenn ihre Taten ihr Gewicht anzeigen. Je nachdem, wie ihr bisheriges Leben in moralischer Hinsicht war, hört sie näher oder ferner die Urteile sprechen und – spricht sie mit. Bis zum Wiedererwachen am Morgen ist sie durchtönt: der Schlaf, so sagte Rudolf Steiner, ist ein moralisches Geschehen.

Die Nachwirkung von dem allen trägt der Mensch in seinem Astralleib und im Ich, wenn diese beiden Glieder sich im Aufwachen wieder mit dem ätherischen und physischen Leib vereinigen. All dies Mitgebrachte ruht nun in jenen Tiefen der seelisch-geistigen Wesenheit, die sich nicht auf die Sinne und den organebildenden Ätherleib stützen, und so ist es gleichsam vergessen und kann nicht ohne weiteres erinnert werden.

Versteht man, was das heißen will? Es heißt, daß der Mensch im Tagwachen die Fülle der «vergessenen» Urteile über sich selbst auf seinem Seelengrunde nachwirkend mit sich herumträgt. Wundert man sich, daß aus dieser untergründig-überirdischen Lebensbeurteilung dann und wann ein fragmentarischer Klang heraufdringt, wenn der Mensch über sein Tun nachsinnt? Begreift man, warum der Mensch nicht weiß, woher ihm diese verhüllte Stimme dringt, daß er sie «in sich» hört und doch einem weiteren Umkreis zuschreiben muß?

Die Gewissensstimme ist der bruchstückhafte Nachklang der in der Nacht erlebten Urteile der geistigen Welt über den Wert der menschlichen Taten. Würde klingend offenbar, was in der Gewissensstimme nur raunt, so wäre es der Chor der Stimmen des Weltgewissens. Der Alltagsmensch überhört ihn. Dem Inspirierten erklingt er.

Das Gewissenserlebnis ist eine verkümmerte und undeutlich gewordene Inspiration. Die nächtliche Inspiration ist das ins Kosmische geweitete Gewissen.

*

Solche Einblicke führen nicht nur zum denkenden Verstehen der Eigenart einer höheren Erkenntnisstufe, der Inspiration, sondern schließen neue Tiefen für das Verständnis des Menschenwesens auf. Jede anthroposophische Einsicht ist ein neues Stück Menschenkunde.

Daß die Gewissensstimme auf nachklingende moralische Nachterlebnisse zurückgeht, ist eine von den ganz tiefgehenden Mitteilungen der Anthroposophie. Die Ahnung des unverdorbenen Empfindens, daß im Gewissen «etwas Göttliches im Menschen» spreche, wird bestätigt, und die Achtung vor dieser Stimme wird gerechtfertigt. Zugleich fängt man an, der weisen Fügung nachzusinnen, die jener Stimme das offene Sprechen verwehrt und sie zum Raunen abdämpft. Denn hörte der Mensch unvorbereitet den vollen Klang, wie vermöchte er davor zu bestehen und weiterzuleben? So aber nimmt eine vorausschauende Weltlenkung das «Unerhörte» ins Innerste des Menschen hinunter, und das Tagesleben darf es zudecken.

Nur der zur bewußten Inspiration aufgerückte Mensch kann es ertragen, die Stimme der geistigen Welt zu hören. Jene Schulung war nicht umsonst so ernst, die ihn jeden Schritt der Erkenntnis mit drei Schritten der moralischen Läuterung erkaufen hieß. Nun kann er im «Geistgehör» Welten wirken hören, mit denen er verbunden ist: er weiß sich als Glied einer geistigen Welt und mit jeder seiner Taten Förderung und Gesundheit, Hemmnis oder Kränkung um sich ausgießend. Er weiß sich als unsterbliche Entelechie, die das Schicksal des Erdenlebensweges auf sich nimmt, um daran zu reifen. Der Werdegang der Erde und ihrer Mitwelten tönt seinem Geistesohr als gewaltige Symphonie, mit Steigerungen, Wandlungen, Abstürzen und endlichem Aufstieg. Er umfaßt auch sein eigenes, kleines, durch diese Weltengänge hindurchschreitendes Menschengeschick, das mit dem Götterschicksal verflochten ist.

Aus Inspiration ist jene wunderbar verschlungene Schilderung entstanden, die Rudolf Steiner in «Die Geheimwissenschaft im Umriß» entworfen und die er überschrieben hat: «Die Weltentwickelung und der Mensch». Inspiration war nötig, um zu erleben, wie Göttertun sich mit Menschenwerden umschlingt, und wie aus Menschenfreiheit dann dem Weltenwerden neue Kräfte zufließen.

Im Studium dieser kosmisch-irdischen Schicksalsgänge reift insgeheim das Organ, das später einmal der Inspiration sich erschließen wird. Die Bemühung ist es, durch die es reift. Wer um Verständnis dieser hohen Dinge ringt, ringt zugleich um Läuterung des Inneren. Und so kann der Schüler gar nicht umhin, im Vorwärtsdringen ständig darüber zu wachen, ob er der Forderung, die unerbittlich ist, Genüge leistet: daß keiner wahrhaft vernimmt, was die geistige Welt ihm zu sagen hat, der sich nicht zuvor dafür würdig machte.

*

Ein Stück geistiger Menschenkunde ist nun aufgeschlossen: der Mensch gibt am Tage sich selber Rechenschaft, indem er sich auf seine Erinnerungsfähigkeit stützt, bei Nacht legt er der geistigen Welt gegenüber Rechenschaft ab, indem er am Weltgewissen gemessen wird. Das Gewissen gehört zur Erinnerung wie die Nacht zum Tage: der Mensch durchlebt beide in regelmäßigem Wechsel.

Es ist sein seelisch-geistiges Wesen (Astralleib und Ich), das sich einmal der Sinnenwelt und dem Leib, dann wieder der moralisch-geistigen Welt zuwendet; dort in die Anschauung einer äußeren Welt hineintauchend und darauf wieder den Sinnen entzogen und ganz der göttlichen «Einsprache» hingegeben; dort in der erscheinenden physischen Lichtwelt sich auf sein Tages-Selbst besinnend (Erinnerung), dann in der unoffenbaren Wertwelt sein geistiges Existenzrecht wieder empfangend (Gewissen); tagsüber die Bilder der sichtbaren Welt sich einverleibend, nachtsüber sich mit der moralischen Weltenschrift durchprägend.

Ist es nicht auch der Übergang vom Anblicken zum Lesen, der sich von einer neuen Seite sinnvoll zeigt? Und hat nicht die Weisheit der Sprache angedeutet, daß dem Gewissen ein tieferes Erkennen, das auch den moralischen Weltinhalt mitschaut, zugrunde liegt? Das «Gewissen» ist von umfassenderer Art als das «Wissen» und dieses mitbegreifend, es zum vollen Sein erst ergänzend.[24] Das gründliche und volle Wissen von der Welt muß deren moralischen Grundbau mitumfassen. Auch hierin erweist sich das von Rudolf Steiner geschilderte Entwicklungsbild, indem es dies unverkennbare Zeichen an sich trägt, als wahrhaft aus dem Geiste selbst geholt, aus seinen unsichtbaren Urkunden entziffert. In der Geistwelt, sagte Rudolf Steiner, sind Naturgesetze und Moral eins geworden.

Steht der Mensch schlafend diesem geistig-sittlichen Kosmos jede Nacht gegenüber, so hat er dessen voll entfaltete Wirklichkeit erst *nach dem Tode* vor sich. Die Kenntnis der nachtodlichen Zustände enthüllt neue Seiten am Wesensgefüge des Erdenmenschen, indem ihm – nach Ablegung des physischen Leibes im eigentlichen Sterben – zunächst die «Hülle» des ätherischen Leibes schwindet. Wie der physische Leichnam allmählich von der natürlichen Umwelt aufgenommen wird, so der abgelegte ätherische Leib von der ihm entsprechenden Sphäre der Bildekräfte. Die Erinnerungen, deren Träger dieser Ätherleib war, stehen in den Tagen nach dem Tod zum letzten Mal dem abgeschiedenen Menschenwesen vor Augen: nun aber in ihrer Gesamtheit, als zur Einheit gewordenes «Panorama»; noch einmal betätigt der Astralleib seine Fähigkeit als Verbildlicher der Erinnerungsspuren[25]: da steht *die Gesamtheit seiner Tage*.

Nach einigen Tagen verblaßt dies Gemälde, und nun enthüllt sich, was hinter der Erinnerung steht: das Menschenwesen (Astralleib und Ich) durchlebt jetzt seinen irdischen Schicksalsgang in rückläufiger Folge – das heißt eigentlich *die Gesamtheit seiner Nächte*. Der Erinnerungsträger – das Gewebe der Tage – ist verweht; nun liest der Mensch die geistige Weltenschrift oder hört sie in sich klingen, wertend, wägend, urteilend, ihm den moralischen Rang zuweisend. Was das Gewissen im Tagesleben des Erdendaseins raunte, wird jetzt voll erfahren – aber nun ist der Mensch ja nicht mehr allein dem «Unerhörten» ausgesetzt, sondern gehalten von Wesen, deren Wohnreich er jetzt mit angehört.

Ein entsprechendes Lesen ereignet sich im Leben zwischen Tod und neuer Geburt nochmals – aber viel später, wenn der Mensch sich wieder mit einem neuen Schicksal verbindet und sich für ein neues Erdenleben vorbereitet. Da wird das Gelesene und Gehörte *angewendet* und in die Lebensanlage umgesetzt, wieder ins Gesamtbild des kommenden Lebensganges verwandelt, «hineingeheimnist» in das unentschlüsselbarbedeutungsreiche Geschehen; gewissermaßen wird der Wortlaut dessen, was das Weltgewissen gesprochen hat, in die Hieroglyphen der Ereignisse hineinversiegelt, die *Antwort* sind auf die Geschehnisse des vorigen Erdenlebens. So wird neues Schicksal als schöpferische *Erwiderung* auf altes, nicht als bloße Fortführung.

Es wäre vermessen, wäre das Vorstehende in der Absicht niedergeschrieben, dem Leser das Kennenlernen der Schilderungen Rudolf Steiners zu ersetzen. Ganz entgegengesetzt sollte es sein: was wir hier vorgebracht haben, kann nur als nachdrückliche Aufforderung verstanden werden, die großartigen, in seinem Werk übermittelten Zusammenhänge nach ganz bestimmter Richtung durchzudenken. Wir zweifeln nicht, daß dies sorgfältige Durchsinnen das Herz nur noch mehr wecken wird für die in solchen Schilderungen enthaltenen Wunder. Und weit entfernt davon, daß solch bewußteres Erfassen die Geheimnisse entweihen könnte – das fühlende und erkennende Menschenwesen wächst, indem es seine Fassungskräfte für dies Hohe zubereitet. Aus Inspiration vermittelte Offenbarungen erweisen ihren Ursprung, wenn sie ins irdische Verständnis aufgenommen werden: sie adeln das Wissen zum Gewissen.

Sittliche Freiheit und Intuition – der Mut zum Neuen

Während von vielen die grundsätzliche Möglichkeit übersinnlichen Erkennens überhaupt bestritten wird und gewichtige Stimmen sie verneinen, ist die Anthroposophie schon lange dabei, die Stufen eben dieser Erkenntnis im einzelnen zu beschreiben. Eine eigenartige und fast komische Lage: hier werden schon Schilderungen eines Reiches gegeben, während anderwärts dessen Existenz noch nicht einmal zugegeben und dessen Betretbarkeit selbst von vielen derer abgestritten wird, die von seinem Vorhandensein überzeugt sind. Da zeigt sich nun einmal recht, wie einzelne einer kühnen Entwicklung vorauseilen können. Unbeachtet von weitesten, sich wissenschaftlich nennenden Kreisen hatte Rudolf Steiner jahrzehntelang schon an einem Werk ausbauend gearbeitet, bis endlich eine träge Umwelt aufzuhorchen begann und sich widerstrebend und ein wenig überheblich anschickte, mit den mehr als fünfzig Jahre alt gewordenen Fundamenten dieses Baues sich zu beschäftigen. Hätte er auf die Anerkennung dieser Fundamente erst warten wollen, so wäre die Anthroposophie auf dem Stande von 1885 stehengeblieben.

Sich mit den Stufen der höheren Erkenntnis zu beschäftigen, heißt nicht nur seltsamen Abenteuern der Seele zu folgen, sondern die Folgerichtigkeit eines Weges zu begreifen, auf dem das Ungewohnte als verständlich erscheinen muß, und heißt auch, den inneren Sinn für die Eigenarten eines Bereiches erwerben, bevor man ihn betritt – ganz so, wie es vernünftig ist, sich mit Sitten und Sprache eines Landes bekannt zu machen, bevor man seine Grenze überschreitet. Der Lebhaftigkeit der Eindrücke wird damit, wie jeder weiß, nicht das mindeste genommen.

Noch weiter reicht dieser Vergleich: die Eigenarten eines neuen Gebietes können natürlich nie logisch erschlossen, sondern nur aus Erfahrung gefunden werden; aber eine verständige Schilderung davon wird jeder Vernünftige begreifen können, gerade desto besser, je mehr er davon hört. So half auch Rudolf Steiner zum einstweiligen Verstehen des fortschreitenden Erkenntnisaufstiegs, indem er die Erlebnisse der einzelnen Stufen immer von neuen Seiten als Bereiche beschrieb. Niemand braucht sich deshalb genötigt zu fühlen, den Weg dorthin selbst anzutreten; wer will, kann sich mit dem Verstehen begnügen; aber wer Verständnis hat, ist auch für den Weg gerüstet. Da das Verständnis die Organe bildet, wird die Täuschung immer mehr ausgeschaltet.

In den vorigen Kapiteln ist die Imagination an der Erinnerung und die Inspiration am Gewissen erläutert worden. Die Kräfte der alltäglichen Seelenverfassung wurden dabei als abgewandelte Gestalten höherer Fähigkeiten begreiflich. Weil die Wandlung sinnvoll und gesetzmäßig (metamorphosisch) erfolgt, kann der Nachsinnende ihr selbst geistig nachgehen. Die Erinnerung erweist sich als leibnah gewordene Phantasiekraft, die statt luftiger Gebilde die vom Leib getragenen Merkspuren ausgestaltet und zur Ausgestaltung übersinnlicher Bilder herangeschult werden kann. Das rätselhafte Gewissen beginnt sich als undeutliches Nachklingen einer Verbundenheit mit übersinnlichen Wesensäußerungen zu zeigen, die dem geschulten Bewußtsein unmittelbar zu Gehör kommen. Soll nun der Schritt zu einer dritten Stufe – «über» der Inspiration – gewagt werden, so könnte dem Strebenden wohl der Mut sinken; lag schon die zweite vom gewöhnlichen Erlebnisfelde weit genug ab, wie könnte er Hoffnung haben, sich zu einer noch ferner liegenden Stufe verstehend zu erheben?

Diese Stufe wurde von Rudolf Steiner «Intuition» genannt und von den vorausgehenden in folgender Art unterschieden: auf die Kundgabe übersinnlicher Wesen im Bildgewande (Imagination) folge das mitgehende Verstehen ihrer Offenbarung (Inspiration) und schließlich – als höchste Stufe der Annäherung – die *Vereinigung mit ihrem Wesen selbst* (Intuition). Auf der ersten Stufe kündigen sie ihr Wesen nur an, auf der zweiten geben sie es tätig kund, auf der dritten erlebt sich der Erkennende in diesem Wesen. Um dieses Hinübergehen ins andere, ohne darin zu verschwinden, leisten zu können, muß der Mensch die höchsten moralischen Eigenschaften entwickeln; er muß rückhaltlose Hingabe entfalten können und doch seine Eigenheit nicht aufgeben, denn nur indem er sein volles Bewußtsein in das andere Wesen hinüberträgt und «in ihm aufwacht» (dies ein Ausdruck Rudolf Steiners), kann er es von innen her völlig miterleben. Ein anderes Sein erfassen kann nur, wer sein eigenes Sein bewahrt. Rudolf Steiner hat in vielen Bereichen Proben davon gegeben, daß ihm solche Intuition möglich war: die Unterscheidung der Geistwesen voneinander, ihr Aufbau in aufsteigenden Stufen (Hierarchien) und die Wiedergabe ihrer grandiosen, dramatisch verlaufenden Werdeepochen konnten nur aus dieser Gabe letzter Wesenserfassung erfließen.[26]

Wie gesagt, es scheint wenig aussichtsvoll, im Bereich gewöhnlicher Seelenerlebnisse auf einen Anknüpfungspunkt für eine so hohe Erkenntnisgabe zu hoffen. Es gehört zu jenen überraschenden Wendungen, die man im Studium der Anthroposophie erlebt, daß die Intuition – auch wenn sie etwas «Höheres» als die Inspiration darstellt – dem Menschen wiederum einen Schritt näherliegend vorkommt, so daß die Stufenfolge, anstatt an ihrem Ende den Blicken ganz zu entschwinden, sich zuletzt *dem Menschen wieder zuneigt*. (So ist es auch an anderen Stellen für die geistige Anschauung; der gradlinige Aufstieg scheint eine Sache des bloß physischen Raumes.)

Tatsächlich gibt es ein Abbild der höchsten Erkenntnisstufe, und es kann in jedem Menschen aufleuchten – eine Fähigkeit, die schon im Kleinen die höchste übersinnliche Fassungskraft vorausverkündigt: ein Unterpfand dessen, was sich in Zukunft aus ihm entfalten kann. Diese Fähigkeit ist heute noch zu wenig beachtet, obwohl sie jederzeit zutage kommen kann. Sie quillt aus dem Innersten. Selbst der Einfachste kann beweisen, daß er sie hat. Nur ist unser Blick für sie stumpf geworden, weil die Naturwissenschaft den Menschen nicht mehr ganz kennt und nicht mehr – voll nimmt.

Sie liegt auf dem Feld des sittlichen Handelns. Hier hebt sich, was von dieser hohen Gabe herstammt, aus allen Arten von Anlässen heraus – für den, der sehen kann. Gewöhnlich handelt der Mensch unter Antrieben, die nicht aus ihm selber stammen; es sind entweder Triebe (die er mit der Gattung gemein hat) oder Gewohnheiten (die er nur angenommen hat – auch gute) oder Rücksichten auf die Meinung anderer oder Sucht zu gefallen beziehungsweise zu ärgern, sich hervorzutun und derartiges mehr. Eine höhere Stufe ist erreicht, wenn ein bewußtes Urteil Anlaß zum Tun wird, so an vielen Stellen im sogenannten praktischen Leben. Im höchsten Fall holt der Mensch aus seiner Innenwelt einen sittlichen Impuls, ohne Vorbild oder äußere Absicht; nichts von außen hat ihm diesen eingegeben; vielleicht hat ihn noch niemand vor ihm erfaßt. Gestaltet ein Mensch nach solchem *vorbildlos-eigenen Bilde* ein Tun, dann bedient er sich seiner höchsten Fähigkeit. Dann ist er *frei*. Dann ist er es, der handelt. In allen anderen Fällen handelt etwas anderes oder ein anderer an ihm, für ihn oder in ihm.

Für diesen Unterschied muß sich erst wieder der Sinn entwickeln. Heutige Menschen haben (aus dogmatisch-naturwissenschaftlicher oder dogmatisch-ethischer Voreingenommenheit) oft kein Organ mehr für ihn. Rudolf Steiner baute auf diesen unbefangen beobachtbaren Unterschied sein Buch «Die Philosophie der Freiheit» (1894) auf. Dies Buch war ein Appell, für das Menschlichste im Menschen die Augen zu öffnen – übrigens zu einer Zeit, in der die Psychoanalyse ihr Wirken begann, das darin besteht, für das Menschliche blind zu machen.

Wir haben es hier nicht mit dem philosophischen Problem der Freiheit zu tun, sondern nur mit dem einfachen Tatbestand, daß es ein Handeln aus innerer Originalität heraus gibt; es braucht äußerlich gar nichts «Ausgefallenes» zu sein.

Da nun tritt das Geistig-Einzigartige eines Menschen in die Offenbarung ein. Es kommt etwas zum Erscheinen (obwohl nicht im Bilde, sondern als Einzeltatsache, als Sache der *Tat*), was sonst verborgen geblieben wäre. Ein Wunder ist geschehen, denn jede freie Tat ist ein Wunder – ein Durchbruch eines

Geistigen in den Naturzusammenhang hinein. (Dieses Durchbrechen der bloßen Natur gehört eben zur – «Natur» des Menschen!)

Und das Wunder setzt sich fort. Solche vorbildlosen Handlungen, wahrhaft freie Taten, sind von keiner Norm aus faßbar, weil sie aus dem unvergleichlichen einzelnen Falle hervorgehen – aber sie sind normenschaffend. Es entsteht durch sie etwas Verbindlich-Vorbildliches für viele, obwohl die Tat nicht äußerlich nachgeahmt werden kann: an sie knüpft sich ein neuer Begriff des Sittlichen an. Die freie Tat begründet ein neues Ethos. Wie das Geistige der Welt gesetzgeberisch ist (Naturgesetze), so dieses Geistige im Menschen, das der sittlichen Auffassung neue Bahnen weist. Oft geschieht dies im gleichzeitigen Zerbrechen überkommener Vorstellungen des «Guten».

Selbstverständlich sind diese Taten selten im Vergleich mit dem vielen, was aus alltäglicheren Quellen fließt. Aber es ist das Wunder nicht zu leugnen, daß auch der einfachste Mensch uns mit einem solchen Zeugnis unvergleichlich-eigener sittlicher Empfängnis überraschen kann. Auch er «faßt einen schlechthin *ersten* Entschluß».[27] Unser Begriff vom Menschen wird erweitert und veredelt, und wir staunen vor seiner unaufhörlichen Steigerungsfähigkeit, so wie jede neu gefundene Tatsache der äußeren Natur uns neue Bewunderung der schöpferischen Weisheit abnötigt. Wie die Natur endlos-vielfältig und nie «abzuschreiten» ist, so ist *der Begriff Mensch endloser Erweiterungen fähig.* Wenn der Mut zur wirklichen Freiheit unter den Menschen nicht abnimmt (gewisse Mächte wollen ihn allerdings rauben, und mit philosophischen Widerlegungen der Freiheitstatsache fängt der Raub schon an!), so kann uns die Zukunft noch unzählige nie geahnte Wunder zeigen, mit denen die Tatsache «Mensch» bereichert wird.

Das Geistige im Menschen wird sinnliche Tatsache in jeder freien Handlung. Noch besser könnte man sagen: indem der Mensch neue sittliche Begriffe erfaßt, ergreift er geistig-moralische Substanz und verkörpert sie; aber was er ergreift, gehörte schon zu ihm; was sonst nur der bildlosen, ideellen Fassungskraft naht, hier wird es vom Menschen tätig ergriffen: *der Mensch vereinigt sich mit seinem eigenen Geistwesen.*

Nun endlich wird verständlich, daß für diese Wesens-Vereinigung (eine solche mit dem geistigen Eigenwesen) Rudolf Steiner den Ausdruck «Intuition» gebraucht hat, den gleichen also wie für die übersinnliche Erfassung eines anderen Geistwesens und die Vereinigung mit ihm! Was zunächst wie eine zufällige Gleichheit der Bezeichnung von zwei Kräften getrennter Gebiete erscheint, zeigt sich als tief begründet: die höchste schöpferische Seelenkraft erweist sich in der sittlichen Ur-Konzeption ebenso wirksam, wie sie im Aufstieg zum höchsten Erkenntnisgipfel in der kosmisch-geistigen Intuition auftritt. Die Region, in der die sittliche Konzeption sich abspielt, ist dieselbe wie das übersinnliche Erkenntnisfeld; nur weiß der, der eine sittliche Intuition faßt, nicht, daß er sich mit geistigem Wesen verbindet. Es ist ein Unterschied nur in der Wachheit des Bewußtseins, nicht in der Tatsache der Aneignung des Impulses, der in einem Falle der «Welt der sittlichen Intuition» und im anderen der «geistigen Welt selber» entnommen wird.

Es kann hier nicht weiter von diesen wunderbaren Zusammenhängen die Rede sein. Auch müßte es als anmaßend gelten, die klaren und strengen Darstellungen, die Rudolf Steiner davon gegeben hat, hier in noch größerer Kürze zu bringen, wodurch ihnen notwendig die Überzeugungskraft verlorengehen muß. Wie alles, was in diesem Buch vorgelegt wird, ist das Vorangehende eigentlich nie mehr als Hinweis und Aufforderung, den Dingen in Rudolf Steiners Werken nachzugehen.

Wichtig ist in diesem Augenblick nur, daß ein Keim der höchsten Erkenntnisleistung auf übersinnlichem Feld sich in der Menschenseele findet, und daß man demgegenüber nicht sagen darf, man könne sich keinen Begriff von der obersten Stufe des übersinnlichen Erfassens machen, weil sich der Aufstieg ins Unabsehbare verliere. Es ist im Gegenteil mitten ins Menschliche zu blicken, um dieses Höchste vor sich zu haben.

Daß es sich wirklich um etwas Höchstes handelt, läßt sich beim Vergleich mit dem Gewissen erkennen. Wenn die Intuition dem höchsten Gipfel – also noch über der Inspiration –

zustrebt, so muß eine Handlung aus freiem Entschluß noch über der vom Gewissen eingegebenen stehen können. Das erweist sich nun wirklich. Die moralische Intuition, also jenes vorbildlos-originelle Entschlußfassen, das den Menschen erst voll als solchen hervortreten läßt, muß höher eingeschätzt werden als das bloß ahnende und mahnende Gewissen, aus dem noch keine Handlungsidee entspringt! Das Gewissen rät nur ab oder rät auch zu, gibt zu einem schon erwogenen Plan seine Meinung kund, es ist eigentlich ein Organ zur Vorausahnung der möglichen Auswirkung. Und wenn es auch auf diese Weise über die Tat selbst zeitlich vorausgreifen kann, so läßt es doch noch jene Stelle frei, an der die sittliche Idee im Einzelfalle aufleuchten muß: es gibt keinen Impuls, sondern begnügt sich mit einer ankündigenden Rolle. Es gibt dem Willen keine Richtung, sondern kontrolliert nur die eingeschlagene. Es ist ein Organ, das die «Lage» im Feld des Sittlichen vermerkt, das dem Menschen hilft, sich zu vergewissern, wie es um sein Tun steht, aber ihm dadurch nicht die Aufgabe, eine konkrete Lösung zu finden, abnimmt.

Das Gewissen beschränkt sich darauf, unter die Voraussetzungen der menschlichen Freiheit zu zählen, es kann nie an deren Stelle treten wollen. Erst aus der Intuition, die tiefer urständet als das «regulierende» Gewissen, entspringen die Taten selbst. Es fragt sich allein, ob der Mensch die Intuition selber ergriffen hat oder sie nur übernahm; nur im ersten Falle war es die seine und seine Tat aus seinem Eigenwesen erflossen.

Hohe und einfache Beispiele geben Einblick in das seelische Tiefenwunder der Intuition. Aus der Begeisterung des Forschers für sein Werk, aus der Hingabe des Soldaten an seine Heimat können Taten von gleich überraschender und überwältigender Größe hervorgehen wie aus der Liebe der einfachsten Mutter zu ihrem Kind. Die gleiche Einzigkeit und zugleich jene unverkennbare «Richtigkeit» für eben diesen Augenblick sind Merkmale ihres höchsten Ursprungs. Zwei Dinge finden wir in solcher Tat immer vereinigt: die Liebe und einen aus der Tiefe kommenden *Selbstverwirklichungsdrang* – dieser aber in einer Läuterung, die alle bloß-egoistischen Schlacken schon überwunden und nur noch Wille zum Höchsten in sich selber übrig gelassen hat. Auf solcher Höhe ist der «Wille zu sich» wieder vor der Menschheit, der die Gabe zufließt, gerechtfertigt. Niemand wird etwas weggenommen; alle vielmehr, die in den Umkreis solchen Wirkens kommen, werden beschenkt; und selbst Fernere und Spätergeborene können sich glücklich schätzen, noch daran teilzuhaben.

Wer dies schon an dem Tun eines großen Menschen erfahren hat, kann bezeugen, daß hier Wahres geschildert wird. Wem es noch nicht begegnet sein sollte, der könnte unserem Gedankengang noch keine Wirklichkeit zugestehen. Deshalb ist es besser, nicht weiter davon zu reden. Es könnte sonst scheinen, als sprächen wir von undeutlichen Gefühlen, während es sich um Einsichten handelt, die nur im hellsten Erkenntnislicht und zugleich mit ganz erfahrungsoffenem Sinn gefunden werden können.

Schließlich liegt in dem Dargestellten schon der wohlbedachte Hinweis, daß höchste Erkenntnissteigerung niemals von der irdischen Aufgabe wegführen kann, sondern ihr gerade immer näher kommt. Auch hier gilt, daß das Höchste am nächsten an Mensch und Erde ist, ja mit ihm und ihr sich vereinigt hat. Deshalb darf zum Schluß gerade eines Kapitels über die Intuition angemerkt werden, daß die «Vereinigung mit dem eigenen höchsten Wesen» auf erhabenster Stufe für Erde und Menschheit, nach Rudolf Steiners tiefsten Worten, sich im Leben und Sterben Christi auf Erden vollzogen hat. Es kann diese Tatsache hier nicht in Worten ausgebreitet werden, weil Tiefe und Intimität sich in ihr vereinigen. Wer aber verstanden hat, was Intuition ist und wie ihre Reichweite sich nie abschätzen läßt, der wird auch erkennen können, daß eine große Linie führt von dem Bei-sich-Sein des Menschen, wie es in der freien Tat sich ereignet, durch alle Stufen des Darin-Lebens im Ergreifen anderer Geistwesen, in die der Eingeweihte in kosmischer Intuition untertaucht, bis zu jenem umfassendsten In- und Beieinandersein, das den Menschen verheißen wurde mit den Worten: *Ich bin bei Euch alle Tage.*

Der Ausgangspunkt Rudolf Steiners und die Menschheitsgeschichte

Seitdem die Menschheit sich von der Verbindung mit der schöpferischen Geisteswelt, aus der sie stammt, abgetrennt hat, sucht sie die Wiedervereinigung mit ihrem Urstande. Die religiösen Kulte sind der Ausdruck dieses Suchens; in späterer Zeit, seit dem Erwachen der Denkkräfte, trat die Erkenntnis hinzu. Erkenntnissuche bedeutet, den Zusammenhang mit der verlorenen Schöpferwelt im vollen Bewußtsein wieder anzustreben. Das Ziel der Erkenntnis ist die Vereinigung (Kommunion) mit dem in der bloßen Wahrnehmung verlorenen Urstand.

Erkenntnis konnte in älterer Zeit auf *zwei Wegen* angestrebt werden. Rudolf Steiner hat sie als den «chymischen» und den «mystischen» Weg einander gegenübergestellt.

Der eine (chymische) führt den Erkennenden zunächst *nach außen*. Er knüpft an die geöffneten Sinne des Leibes an. Er beginnt also mit dem Zustand des wachenden Menschen, in dem dieser sich «der Welt gegenüber» erlebt. Es ist derselbe Zustand, in den der Mensch ohne Absicht jeden Morgen beim Erwachen eintritt. Die Fülle der Sinneseindrücke bricht in ihn herein und stellt ihn vor die Rätsel der Sinneserkenntnis. Im Sinnenschein ist das Geistige nicht unmittelbar enthalten, kündigt sich aber darin an. Es muß in dieser Ankündigung erfaßt (begriffen) werden. Vor dem Aufgang der Neuzeit wurde solches Erfassen im Bild einer hochzeitlichen Vereinigung erlebt; man konnte daher das Erkenntnisziel des Chymikers als «chymische Hochzeit» bezeichnen. (Der Ausdruck ist durch ein bemerkenswertes Buch aus dem Anfang des siebzehnten Jahrhunderts bekannt.[28])

Der andere (mystische) Erkenntnisweg führt *nach innen*. Er

beginnt mit der Absonderung des Geistsuchers von der Außenwelt, indem die Sinne verschlossen werden. (Das Wort «mystisch», von myein = die Augen schließen, weist darauf hin.) Der mystische Weg führt von dem alltäglichen Zustand der Menschenseele in einen gesteigerten hinein, der nur errungen werden kann im Kampf gegen das Einschlafen. Der Erkennende muß sich durch allerlei innere Anfechtungen hindurchschlagen, die auf dem Innenschauplatze der Seele auf ihn warten und ihm sein Ziel verdunkeln wollen. Kommt er hindurch, so erlebt er die Vereinigung mit dem innerhalb seiner Seele sich öffnenden Weltgrunde, der ihn nicht verschlingt, sondern selig in sich aufnimmt. Die aus dem Mittelalter dafür bekannte Bezeichnung ist «Unio mystica» oder «mystische Hochzeit».

Chymische und mystische Hochzeit sind die Endpunkte der beiden Wege. Sie bedeuten eine in entgegengesetzter Art erreichte Wiedervereinigung mit dem göttlichen Wesenskern der Welt, der äußeren wie der inneren.

Die Tragik der Neuzeit auf dem Erkenntnisgebiet zeigt sich darin, daß beide Wege in die Irre gerieten.

Der Weg nach außen, durch die Sinne, wurde der der Naturwissenschaft. Er konnte seit dem Tod Goethes immer weniger sein Ziel, die Vereinigung mit dem schöpferischen Weltgrunde, erreichen, da die Vorstellungen über den Aufbau der Welt immer materialistischer wurden. An Stelle eines den suchenden Menschen urheimatlich anmutenden Weltgrundes trat ein gespenstisch geordnetes Netz von winzigen Letzt-Teilen, das in unheimlicher Fremdheit jegliches Bedürfnis nach Geborgenheit verspottete. Daß dieses Gewebe sich mathematisieren ließ, ja am Ende aus bloßen mathematischen Beziehungen zu bestehen schien, machte die verzweifelte Lage des Erkenntnissuchers nicht leichter, sondern offenbarte erst recht die ganze Trostlosigkeit. Das an die Stelle des materiell gedachten Kleingefüges getretene mehrdimensionale «Feld» verschlang neben allen anschaulichen Qualitäten den Raum und nahm selbst die Zeit als qualitätslose «Funktion» in sich auf. Daß diese Welt nicht mehr vorstellbar, sondern nur mehr denkbar war, machte sie nur noch gespenstischer. Vergeblich versuchten einige Vertreter dieser Forschungsrichtung, den

Umschwung als «Auflösung der Materie in Geist» zu deuten; es konnte nicht verborgen bleiben, daß das menschliche Wesen, von dem alles Fragen nach der Welt ausgeht, in dieser gespenstischen Hinterwelt keine Heimat finden konnte. Der chymische Weg war im Gestrüpp mathematischer Formeln verloren. Der Erkennende stand am Abgrund des Nichterkennen-Könnens. Der Weg nach innen, einst ein herrlicher Pfad der Erleuchtung und Vollendung, geriet ins Chaos. Auf diesem Pfad kam der Suchende nicht mehr zwischen den gegenmenschlichen Kräften (die Buddha als Mara erlebte) hindurch. Anstatt eines gottgetragenen Seelenkerns begegneten ihm nur noch untermenschliche Mächte, die den Ausblick auf sein Unsterbliches verhüllten. Er fand auf der Suche nach seinem wahren Ich nur mehr die Kräfte, durch die er Noch-nicht-Mensch ist. Er mußte die Illusion ausbilden, daß sein Ich diesem dämonischen Untergrund seine Entstehung verdanke. Der materialistische Mythos von dieser Entstehung, gleichsam einer Ur-Zeugung des Menschen-Ich aus seelischem Schlammgrund, breitete sich aus (als psychoanalytische Weltanschauung); und doch war er nicht besser als der Aberglaube einer überlebten älteren Naturlehre, der Würmer und Fische aus Schlamm entstehen ließ. Der mystische Weg hatte im Abgrund des Untermenschlichen sein Ende gefunden.

*

Es war die große geistesgeschichtliche Aufgabe Rudolf Steiners, zu einer Zeit, da beide Erkenntniswege in den Abgrund geführt hatten, die Rettung des menschlichen Erkennens ins Werk zu setzen. Er vollbrachte dies durch eine Geistestat von völliger Originalität, in unerwartetem Zugriff an nicht vorauszusehender Stelle – und doch so, daß *nichts von den großen Errungenschaften beider Wege verlorenzugehen brauchte.* Die Kräfte, die die Menschheit auf beiden Wegen erworben, die Fähigkeiten, die sie sich angeeignet hatte, konnten ungebrochen zur Geltung kommen. (Es ist das Kennzeichen eines ganz großen «Neuen», daß es den kostbarsten Auszug des «Alten» in den Strom seiner Wandlung hineinzieht und ihm das Leben, in höherem Sinne, wiederschenkt.)

Ein ergreifender Einblick in den Zusammenhang mit tausendjährigem Erkenntnisringen tut sich auf, wenn man das Auftauchen des *neuen Erkenntnislebens* in den Werken Rudolf Steiners, besonders in den Frühwerken, gewahr wird. Die rettende Tat ist unerhört neuartig und gibt doch nichts, was der Erhaltung wert war, verloren.

Es handelt sich in den Frühwerken Rudolf Steiners um die Erarbeitung eines neuen Bodens für die Erkenntnis überhaupt, um die Gewinnung eines neuen Niveaus für jegliches Erkennen. (Dies ist deutlich zu bemerken, obwohl die Erörterung an die zeitgenössische Erkenntnistheorie anknüpft.) Die «Grundlinien einer Erkenntnistheorie der Goetheschen Weltanschauung» (1886)[29] geben weit mehr als eine Beschreibung der Erkenntnishaltung Goethes, sie leiten den Leser vielmehr zu einem neuen und festen Halt in seinem eigenen Erkennen hin. Sie stellen ihn dabei ganz auf sich selbst. Es wird vom Verfasser an die beste Errungenschaft aller chymischen und mystischen Erkenntnis appelliert, an *die Offenheit für die Erfahrung* und an das Vertrauen zu ihr. «Berufung auf die Erfahrung jedes einzelnen Lesers» steht vielsagend über einem der ersten Kapitel.

Das ist die kostbarste Errungenschaft des neueren Erkenntnisstrebens, daß der Mensch gelernt hat, in jedem Augenblick ganz neu der Erfahrung gegenüberzustehen. Jeden Morgen beim Aufwachen tun wir das. Es ist die Gebärde des unbefangenen Augenöffnens: die bezeichnende Geste des *chymischen Weges*! Sie war selbst in der materialistischen Zeit des späten neunzehnten Jahrhunderts noch in großartiger Weise geübt worden, ja sie war geradezu das Große an den heute viel verachteten Materialisten: sie waren erfahrungsoffen, sie ließen nichts Unkontrolliertes, nichts Übernommenes zu.

Diese Fähigkeit muß der Zukunft – auch wenn sie ganz andere Erkenntnisarten ausbildet – erhalten bleiben. In höchst bemerkenswerter Betonung wird der Begriff der Erfahrung neu gewendet. Sie ist «*die Form der Wirklichkeit, in der diese uns erscheint, wenn wir ihr mit vollständiger Entäußerung unseres Selbstes entgegentreten*».[30] Man erkennt, wie der Erkennende, um zu einer solchen Art von Erfahrung zu gelangen, im reinsten Sinne sich die «chymische» Haltung angeeignet haben muß.

Diese Erfahrungsoffenheit des Menschen wird im weiteren Fortgang auf etwas hingelenkt, was durch seine Wesenheit schon verbürgt, daß nichts von außen hineingebracht worden ist, auf einen Gegenstand, der innerhalb der Erfahrung aufgefunden werden kann, aber keine bloße Erfahrung ist. Innerhalb des Feldes der Erfahrung tritt nämlich ein solcher Gegenstand auf. Der Erkennende muß die Stelle aufsuchen, wo dies geschieht. Er kann dabei im Bereich des Erfahrens bleiben, das heißt im Sinne der Naturwissenschaft handeln, und kommt doch in eine Sphäre, die mehr ist als bloße Erfahrung. Entscheidend ist, daß eine solche Sphäre erreicht ist, ohne daß aus einer anderen Quelle, aus frommen Gefühlen oder aus dogmatischen Vorurteilen heraus, ein Inhalt sich einschiebt. Die Erfahrung selbst ist es, die über ihre Anfangsgestalt hinausführt. (Ein Hinausgehen über die Erfahrung unter Preisgabe der Erfahrung wäre der Ruin der naturwissenschaftlichen Haltung. Newton zum Beispiel schrieb, indem er dies tat, ein Buch über die Apokalypse; aber seine «Farbenlehre» ist dadurch um nichts besser geworden, wie es ja nichts für eine Spiritualisierung der Naturwissenschaft hilft, wenn man die Inhalte seiner Vorstellungen über die geistige Welt aus einer anderen Seelenregion holt!)

Der Gegenstand also, der über die bloße Erfahrung hinausführt, wird innerhalb der Erfahrung vorgefunden. Es ist ein Element, das so, wie es erfahren wird, schon dem wissenschaftlichen Streben genügt. Dadurch unterscheidet es sich von den unzähligen Sinneserfahrungen, die in einer Gestalt auftreten, die dem Erkenntnisstreben nicht genügt, sondern es vielmehr erst anspornt. Dieses Genügetun, das bei keinem äußeren Gegenstand zutrifft, findet sich nur bei einem einzigen: dem menschlichen Denken.

Das Denken «entdeckt» der Mensch als Gegenstand unter anderen, aber zugleich auch als einen ganz anders gearteten: es gibt über sich selbst Auskunft, man kann an ihm erfahren, wie die Dinge zusammenhängen, während man den Zusammenhang aller übrigen Dinge nicht aus der bloßen Erfahrung gewinnen kann. Noch durch ein anderes unterscheidet sich das Denken von anderen Dingen: es tritt nur dann auf, wenn ich es hervorbringe. Während alle anderen Erfahrungsgegenstände ohne mein Zutun da sind, muß ich bei der Entstehung des Denkens mitwirken.

Bei der Betrachtung des Denkens sind also *Tätigkeit* und *Vorfinden* verschränkt, und insofern ist es ein höchst merkwürdiger Gegenstand, der da – nicht «vorliegt», sondern erst jedesmal vom Menschen zur Erscheinung gebracht werden muß, um dann der Betrachtung vorzuliegen.

An dieser Stelle ist die weitere Untersuchung nur durchzuführen, wenn höchste Besonnenheit einsetzt; denn nun muß ein Irrtum vermieden werden, der in der neueren Erkenntnistheorie heillose Verwirrung gestiftet hat: der Irrtum, daß das Denken subjektiv sei, weil es aus einer Tätigkeit des denkenden Subjekts entsteht. Der Mensch, so meint man, spinne die gedachten Beziehungen der Dinge aus sich heraus und ziehe sie als Netz über die Dinge. Es ist eine der Kernstellen in den «Grundlinien einer Erkenntnistheorie der Goetheschen Weltanschauung», wo Rudolf Steiner der falschen Argumentation die richtige entgegenstellt: das Denken geschieht zwar nicht, ohne daß der Mensch es «tut», aber was entsteht, wird nicht durch seine Willkür erzeugt. Die Gesetze des Denkens hat der Denkende nicht selber aufgestellt; ein Mensch, der willkürlich Gedanken an Gedanken reihte, würde zeigen, daß er nicht denken kann.

Dies ist entscheidend: die Welt, die wir im Denken tätig zur Erscheinung bringen, ist zwar von uns hervorgebracht, beruht aber zugleich auf ihren eigenen Gesetzen. Das Denken wird zwar produziert, aber doch so, daß es die Erscheinung eines Teils der Wirklichkeit ist. Indem man dies erfaßt, gewahrt man eine andere Seelengebärde: die Erfahrung richtet sich nämlich auf eine Tätigkeit, die im Menscheninnern sich abspielt. Aber diese innere Tätigkeit entquillt einer Sphäre, die der Trübung durch die menschliche Subjektivität entzogen ist. Wir betreten im Denken den menschlichen Seelenbereich in einer Region, in der die Dinge selbst ihre (der bloßen Wahrnehmung verborgene) Geistseite enthüllen.

Ist dies nun nicht die Gebärde des mystischen Weges? Ist die Offenbarung der begrifflichen Seite der Welt nicht reines

Erzeugnis des Innern, eine Erzeugung, die sich selber Keuschheit auferlegt? Und bringt nicht die reine Intuition des Wissenschaftlers ebenso wie die sittliche Intuition des moralisch Handelnden etwas Vollmenschliches zutage? Wo seelische Keuschheit und Menschlichkeit zusammenwirken, da ist im besten Sinne mystische Haltung.

Damit zeigt sich etwas, was dem bloßen Verstand unmöglich wäre zu ersinnen: daß der Angelpunkt des Buches «Grundlinien einer Erkenntnistheorie der Goetheschen Weltanschauung» wie auch der übrigen Frühwerke Rudolf Steiners aus einer Seelenhaltung gefunden wird, in der *die Tugenden des chymischen und des mystischen Weges sich vereinigen.* Die beiden polaren Erkenntnisgebärden gehen ineinander auf.

Was in der Menschheitsgeschichte auf getrennten, ja entgegengesetzten Wegen gesucht wurde, ist in ein einziges Suchen zusammengeflossen, das von der einen Seite betrachtet «chymisch», von der anderen betrachtet «mystisch» genannt werden muß. Wo wäre mehr Frömmigkeit als in der selbstlosen Hingabe an die Erfahrung? Und wo wäre mehr Kühnheit im Erfassen und Erzeugen als in der Intuition? Es ist unzweifelhaft: auf dem Feld, das Rudolf Steiner in diesen Büchern betritt und auf das er den Leser führen will, ist eine Treue zum Vorgefundenen, die den besten Traditionen des chymischen Weges entspricht, und eine Reinheit des Erzeugten, die der edelsten Vorbilder mystischen Strebens würdig ist.

Dies ist die Eigenart der Seelenhaltung in Rudolf Steiners Frühwerken. Man kann erkennen, daß in dieser Seelenhaltung der *Ausgangspunkt der Anthroposophie* liegt. Insofern diese Haltung in diesen Büchern eingenommen wird, sind sie «anthroposophische» Werke, wiewohl sie der sogenannten voranthroposophischen Zeit im Leben ihres Verfassers angehören.

Gerade wenn man die seelische Haltung als das Entscheidende an der Anthroposophie ansehen lernt, fühlt man sich gedrängt, immer wieder zum Studium der ersten Bücher Rudolf Steiners zurückzukehren: Anthroposophie liegt als Kern, noch unentfaltet, in ihnen. Der Studierende fühlt in diesen Büchern selbst, welcher innere Kraftaufwand erfordert wird, um zu diesem

Ausgangspunkt vorzudringen. Jeder kann sich kontrollieren, indem er diese Bücher liest, ob er sich mit diesen Kräften gerüstet hat.

Das Hindringen zum Ausgangspunkt der Anthroposophie vermittelt bereits ein rein geistiges Erlebnis und kann daher eine erste Einsicht in die Sonderart rein geistiger Erlebnisse überhaupt verschaffen.

Es gibt ein Kennzeichen, an dem man derartige Erlebnisse erkennen kann: sie sind schlecht im Gedächtnis zu behalten. Oft hört man daher die Klage, daß die entscheidenden Punkte der «Grundlinien einer Erkenntnistheorie der Goetheschen Weltanschauung» oder der «Philosophie der Freiheit» zwar beim Lesen erfaßt worden seien, aber sich der gedächtnismäßigen Wiedergabe nachher entzögen. Dies ist nicht ein Fehler, sondern im Gegenteil ein Anzeichen, daß man auf dem richtigen Weg ist. Geisteserlebnisse lassen sich nicht behalten, man kann sich lediglich den Weg einprägen, auf dem man zu ihnen gekommen ist, und diesen bei Bedarf wieder aufsuchen.[31]

So kann man auch die oben dargelegte Bemühung, zum Ausgangspunkt der Anthroposophie zu kommen, sich immer wieder auferlegen; denn man weiß nun ein Merkmal: die Eigenheiten der chymischen und der mystischen Erkenntnishaltung sind eins geworden. Man muss diesen Punkt ganz selbständig finden. Nicht die überzeugendste Darstellung und noch weniger irgendwelche Überredungskunst könnten einen Mitmenschen zu diesem Punkt hinbringen.

Dafür hat man aber auch, wenn man zu diesem Punkt vordringt, eine große Hilfe, um von den möglichen Abirrungen loszukommen. Denn dies Erlebnis fordert höchsten Einsatz der Wachheit. An der Klarheit, die ihm innewohnt, kann man sich immer von neuem auffrischen. Vor der Selbstlosigkeit dieser Erfassung muß jedes anthroposophische Arbeiten sich rechtfertigen können. So hell und hingebend und zugleich so menschlich sollte jedes einzelne anthroposophische Erkenntniserlebnis sein. Es strömt von solcher Bemühung eine außerordentliche Kraft aus, Subjektivitäten zu überwinden, an welchen ja auf dem anthroposophischen Weg ganz gewiß kein Mangel ist. (Es wäre eine Illusion zu meinen, daß die Gefahren, ins Subjektive zu geraten, an irgendeinem Punkt geringer würden oder gar zu Ende wären.)

*

Diese Betrachtung läßt sich mit dem Hinblick auf einige tiefste Zusammenhänge des Menschheitsgeschehens abschließen, die Rudolf Steiner in seinen Vortragszyklen über die Evangelien enthüllt hat. Was er dort über die geistigen Wege des Altertums und ihren Abschluß in den christlichen Ereignissen sagt, wirft ein ganz besonderes Licht auf das oben Dargestellte.

Es wurden oben die beiden Erkenntnisrichtungen der Vergangenheit von ihrer Glanzzeit her in ihren gegenwärtigen Verfall hinein verfolgt, und es wurde gezeigt, wie sie in einem doppelten Abgrund enden, wenn der Mensch sich nicht entschließt, den von Rudolf Steiner gezeigten Rettungsweg zu beschreiten.

Der chymische Erkenntnisweg hatte einen außerordentlich hohen Repräsentanten in der Frühzeit der Menschheit: einen Eingeweihten, der zuerst den Menschen auf die sichtbare Welt als Abglanz einer hohen geistigen Sphäre hinwies. Er lehrte, die irdische Welt nicht – wie es die alten Inder getan hatten – als Schein, sondern als Widerschein einer Lichtwelt anzusehen. Die damalige Zeit konnte ihn verstehen, weil die Augen der Menschen noch nicht verlernt hatten, Sinnliches zugleich als Geistiges wahrzunehmen. Die «sonnenbeschienene Welt» (Rudolf Steiner) nannte er das Werk des hohen Geistigen, das in der Sonne selbst seinen Abglanz hatte. Dieser Eingeweihte war Zarathustra. Sein Name steht am Beginn des chymischen Weges als leuchtende Inschrift. Alles, was später auf diesem Weg geschah, war eigentlich Nachfolge Zarathustras.

Auf dem mystischen Weg spielt eine ebenso hervorragende Rolle ein anderer Eingeweihter, der allerdings viel später als Zarathustra lebte. Er faßte, was die Menschheit an Erfahrungen des inneren Weges in langer Zeit durchgemacht hatte, in höchster Reinheit zusammen. Er gab die schönste Beschreibung davon in seinem «achtgliedrigen Pfad». Er vereinigte als Lehrer dieses Pfades alle Unberührbarkeit von der äußeren Welt und alle Keuschheit des Innenlebens mit jenem Mute, der im Kampf des Mystikers mit dem inneren Gegner (den er «Mara» nannte) entfaltet werden muß. Er überwand das Untermenschliche, um am Ende seines Erdenlebens in Licht aufzugehen. Sein Name ist Buddha. Dieser Name überleuchtet alles, was auf dem mystischen Weg erstrebt wurde.

Diese beiden Individualitäten, Zarathustra und Buddha, sind, obwohl ihre Erdenpersönlichkeiten durch Jahrtausende getrennt waren, nach Rudolf Steiners geistigem Forschungsergebnis doch einmal in der Menschheitsgeschichte zusammengekommen. Das war, als sich die «Zeitenwende», der Wendepunkt der Erdenentwicklung vorbereitete: die Verkörperung der höchsten göttlichen Kräfte im Leib eines Menschen. Als dieses Ereignis begann, trat (so beschreibt es Rudolf Steiner) das durch viele Erdenleben gereifte Ich des Zarathustra in eine neue Verkörperung ein. Das Ich eines Kindes, des salomonischen Jesus von Nazareth, war dasselbe wie in Zarathustra.

Als der nathanische Jesus geboren war (so beschreibt es wiederum Rudolf Steiner), umgab die seelische Hülle des Buddha gleich einer Gloriole seinen Leib. Buddhas Seelenhaftigkeit war die Lichthülle dieses Kindes. Die Bibel nennt diese Hülle die «Menge der himmlischen Heerscharen».

Auf wunderbare Weise wurde das irdische Gefäß für den Niederstieg des Christus vorbereitet, der zu den Menschen in Menschengestalt kann. (Hier soll dieser hohe Vorgang nicht geschildert, sondern nur auf seine Darstellung in den «Evangelienzyklen» Rudolf Steiners verwiesen werden.)[32]

Entscheidend ist, daß sich die Ströme der beiden hohen Vertreter des chymischen und mystischen Weges einmal in wunderbarer Weise im irdischen Feld vereinigt hatten, und daß dadurch Unendliches für die Menschheit geschehen konnte. Dies ist es, was nun auch unserer Betrachtung ein so besonderes Licht gibt. Denn wir fanden dabei ebenfalls einen Zusammenfluß beider Ströme auf – freilich nicht im Physischen, sondern auf dem Feld, das wir im reinen Denken betreten können. Die Wirklichkeit dieses Feldes ist die *ätherische Welt*, die im reinen Denken erstmalig ins Bewußtsein treten, später dann zu übersinnlicher Anschauung gebracht werden kann. Mithin ist es wie ein neues Erglänzen des Ereignisses von

Palästina in unserer Zeit, nur jetzt auf ätherischem Gebiet, angekündigt am Treffpunkt des chymischen und mystischen Weges, welcher zugleich der *Ausgangspunkt der Anthroposophie* ist.

Rudolf Steiners Werk, die Anthroposophie, gipfelt in der Ankündigung eines hohen Ereignisses in der ätherischen Welt. Wie wunderbar ist es zu erfahren, daß schon in den ersten Büchern des damals ganz jungen Goetheforschers der unausgesprochene Hinweis auf das Ereignis sich entdecken läßt! Welch ein Ansporn, sich mit dem wunderbaren Ausgangspunkt der Anthroposophie immer wieder zu beschäftigen!

Übend, in voller Klarheit des Gedankens, läßt sich dieser Punkt immer von neuem aufsuchen. Die besten Kräfte des Forschers können auf der Suche sich betätigen. Der Sieg der reinsten Empfindungen über alles Trübende kann dabei erlebt werden. Die Klarheit des Erkenntniswillens und die Hingabefähigkeit an ein Überpersönlich-Menschheitliches lassen sich an diesem Punkt ständig erproben.

Der Ausgangspunkt der Anthroposophie begreift die Vorbereitung des größten geistigen Ereignisses der Gegenwart in sich. Er hat teil an diesem Mysterium. Er enthält im Keim nicht nur das Ganze der Anthroposophie, sondern auch die intimste und heiligste ihrer Verkündigungen.

Arabismus – Darwinismus: Der Wiederverkörperungsaspekt

Auf der Suche nach den Untergründen des modernen Bewußtseins wendet sich die geistesgeschichtliche Untersuchung meist den Entdeckungen und Erlebnissen der Menschheit am Beginn der Neuzeit zu. Hier, glaubt man, habe sich die Geisteshaltung von heute zuerst herausgebildet, indem das Bewußtsein sich mit dem neuen Inhalt füllte und die mittelalterlichen Vorstellungen überwand.

Man muß aber vom Inhalt der Vorstellungen absehen und die *Struktur* der Geistes- und Seelenart unserer Zeit ins Auge fassen, wenn man in der Vergangenheit verwandte Formen des Bewußtseins aufsuchen will. Rudolf Steiner hat für solche bewußtseinsmorphologische Rückschau auf die arabische Kulturströmung hingewiesen, die schon im frühen Mittelalter eine erstaunliche Annäherung an das moderne Bewußtsein erreicht hat. Das Studium des «Arabismus», sagte er, schließe das Verständnis wichtiger, noch verborgener Wesenszüge im Denken des naturwissenschaftlichen Zeitalters auf.[33]

Diese Beziehung beschränkt sich nicht auf die Ähnlichkeit im Antlitz zweier weitgetrennter Kulturen. Nicht bloße abstrakte Strömungen tauchen unter und wieder auf. Es sind die Menschen-Iche selber, die nach den Ergebnissen geistiger Forschung die Schicksalsbrücke über die Jahrhunderte hinweg schlagen, indem der geistige Wesenskern, der in der einen Epoche in einer bestimmten Persönlichkeit enthalten war, in einem späteren Erdendasein in einer Persönlichkeit der anderen Epoche sich wiederverkörpert. Rudolf Steiner hat sogar ganz bestimmte Gestalten der Neuzeit als solche genannt, in welchen Träger der ehemaligen arabischen Kultur wiedererschienen seien.

Man kann es natürlich ablehnen, auf solche Hinweise einzugehen. Ob sie mehr sind als geistreiche Einfälle, kann man nur erfahren, indem man sich entweder auf den bereits geschilderten höheren Erkenntnisstufen um die Nachprüfung bemüht oder aber, indem man sie als Fingerzeig für eine kulturmorphologische Vergleichung benutzt. Eine solche soll im folgenden skizziert werden.

*

Als Hintergrund des schicksalsmäßigen Zusammenhangs zwischen Arabismus und heutiger Kultur muß man zunächst den geistesgeschichtlichen Hauptstrom ins Auge fassen, der von dem Altertum in die neuere Zeit, von Asien her bis nach Europa hineinfließt. In der «uraltindischen» Epoche herrschte noch jene Geistesschau, die eine Eigenart der östlichen Menschheit ist, jene alte Verbundenheit mit dem Geist, die noch nicht die Ausgestaltung von Gedanken in unserem heutigen Sinne kannte, dafür aber ein tiefes unpersönliches und unbewußt aufgenommenes Wissen. Von dort führt die Entwicklung zu dem Erwachen an der Sinneswelt, wie es bezeichnend für den modernen Europäer ist, das heißt zu einer immer stärkeren Verdrängung der alten hellseherischen Erlebnisse zugunsten der Eindrücke der äußeren materiellen Welt. Diese Entwicklung ist räumlich mit einem Wandern der Kulturzentren vom Osten nach dem Westen verbunden, nicht in einer geraden Linie, doch so, daß sich die Richtung deutlich erkennen läßt. Man kann diese Wanderung von der altindischen durch die altpersische in die ägyptische und die griechisch-römische Epoche hinein halb geographisch, halb symbolisch in einer Linie darstellen und in die Erdkarte hineinzeichnen (siehe Abbildung). Die großen vorchristlichen Kulturzentren sind in dieser Linie einbegriffen.

Nun schiebt sich dahinein die andere Strömung, die ihre Entstehung in Arabien hat. Sie überschneidet den Hauptstrom dort, wo er von Ägypten nach Griechenland fließt, und wendet sich an der Nordküste Afrikas entlang nach dem Westen. Es ist die arabische Kulturströmung, die im siebenten nachchristlichen Jahrhundert sich mächtig ausbreitet. Natürlich hat sich der *Islam* (als die arabische Religion) auch nach anderen Richtungen verbreitet, aber der *Arabismus als Kulturströmung* nimmt die angedeutete Richtung nach dem Westen. Der erstgenannte Strom hingegen hat die Tendenz, sich von Rom aus nach Norden, nach Mitteleuropa hinein und nach dem Westen hin fortzusetzen. Der zweite Strom ist zugleich eine kriegerische Eroberung, eine rasch fortschreitende Invasion, die bereits im achten nachchristlichen Jahrhundert die Straße von Gibraltar

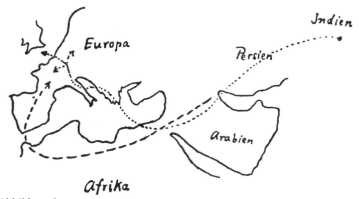

Abbildung 1.
Der Weg der großen Kulturen seit der urindischen Epoche: . . . . .
Der Weg der arabischen Kultur: _ _ _ _ _

überschreitet und nach Spanien vordringt. Es ist dies ein außerordentliches Ereignis, daß eine von fernher kommende Kultur durch ganz Nordafrika hindurch vorstößt und es dann vermag – hauptsächlich auf kriegerischem Weg –, die Meerenge zu überschreiten und fast das ganze heutige Spanien zu erobern. Von dort aus pflanzt sich der Strom fort in das übrige Europa hinein, zunächst durch Frankreich, und hat die Tendenz, mit dem erstgenannten Hauptstrom zusammenzustoßen. An der Schwelle Mitteleuropas wird ihm Halt geboten. Die Araber werden durch Karl Martell im Jahre 732 zurückgeschlagen. Hier setzt Rudolf Steiners bedeutsamer Hinweis ein, daß diese Zurückweisung nur eine äußerliche war, daß zwar der arabische Impuls verhindert worden ist, in Mitteleuropa einzudringen, aber nur als sichtbarer Kulturimpuls. (Spanien wird von der arabisch-maurischen Kultur ganz durchdrungen, und wir können heute noch dort die Zeugnisse bewundern.)

Mitteleuropa bewahrt sich also vor dem Arabismus. Es trat viel später kulturbildend in die Geschichte ein als Griechenland und Rom. Dort im Süden war eine Bewußtseinshöhe bereits am Beginn unserer Zeitrechnung erreicht, die in Mitteleuropa erst Jahrhunderte nachher folgte. Das volle Wachbewußtsein ist zu der Zeit des Mysteriums von Golgatha von den germanischen Völkern noch nicht erlangt. Es kommen die harten Auseinandersetzungen der Völkerwanderungszeit.

Der arabische Kulturstrom hat gerade die Eigentümlichkeit, etwas vorauszunehmen, was erst in späterer Zeit vom Hauptstrom aus gewonnen werden soll: die Bewußtseinsseelenkultur. (Sie bildet sich geschichtlich erst am Ausgang des Mittelalters.) Der arabische Kulturstrom bildet vorzeitig einen Intellekt aus, der ganz nahe unserer modernen Intelligenzform ist. Er bildet eine Wissenschaft aus, die ganz merkwürdig der Wissenschaftsform unserer heutigen Epoche gleicht. Man hat den Eindruck, als sei dieser arabische Kulturstrom wie ein frühreifes Kind, das vorzeitig, ehe es durchgereift ist, schon überwiegend die Kräfte des Kopfes entwickelt. (Jeder weiß, daß es solche Kinder gibt, die, schon bevor die leibliche Entwicklung abgeschlossen ist, eine Intelligenz ausbilden, die eigentlich gar nicht zu der übrigen Gestaltung ihres Leibes paßt; durch die gegenwärtige Erziehung wird das oft auch noch gefördert.)

Ein solches altkluges Kind ist also das arabische Bewußtsein. Die Araber sind ein Volk, das zu einer Zeit, in der die intellektuellen Kräfte der Germanen noch traumhaft sind, schon eine Kunst der Abstraktion ausgebildet hat, des Gedankengebrauchs in der wissenschaftlichen Auseinandersetzung, die in anderen Gegenden erst viel später blüht. Dagegen fehlt es diesem arabischen Bewußtsein an «Herzkräften», ganz ähnlich, wie man das auch bei frühreifen Kindern beobachtet. Der Ausgleich zwischen Intellekt und Willensleben ist unentwickelt. Wenn nun die Gedankenkräfte zu frühzeitig reifen, so kommt oft ein Zug von heftiger *Emotionalität* zutage, eben weil das ausgleichende Element des reifen Herzens fehlt. Und so findet man oft mit scharfem Intellekt gepaart ein fanatisches Aufbegehren. Eben diese beiden Elemente kennzeichnen auch den Arabismus: ein hochentwickelter Intellekt und ein hochgepeitschter Fanatismus. Bekannt ist ja, daß es dieser Fanatismus war, durch den der Islam die unwiderstehliche Stoßkraft zu seinen Eroberungen bekam. Ein einziges Schlagwort: «Allah ist Allah, und Mohammed ist sein Prophet», hat die Heere angetrieben; es ist dies eine aufs engste zusammengezogene und zu äußerlicher Schlagkraft gebrachte abstrakte, fanatische Formel.

Es gilt nun, noch eine andere Seite des Arabismus hinzuzunehmen; er ist außerordentlich produktiv in *künstlerischer* Beziehung. Ein jeder hat ja davon einen gewissen Eindruck; jeder hat etwa Abbildungen von arabischen Moscheen gesehen, von Mosaikböden oder Gefäßen, Vasen, Teppichmustern und dergleichen. Wenn man diese eigentümlich bunte und vielgestaltige Welt betrachtet, die sich hauptsächlich in der Architektur und Kleinkunst, weniger in der Plastik und ganz wenig in der Malerei auslebt, so bekommt man einen bezeichnenden Gesamteindruck. Man hat es dabei mit Formen zu tun, die wohl ursprünglich im Innern des Künstlers etwas Lebendiges gehabt haben mögen, die aber, wo sie sichtbar werden, einen eigentümlich leeren Eindruck machen. Sie sind wie entseelt, haben höchstens eine eigenartige Scheinlebendigkeit, die eigentlich Unruhe ist. Man sehe nur den Unterschied zwischen der Einfachheit und ruhigen Wirkung der Bogenformen der etwa gleichzeitigen *frühromanischen* Bauten und den arabischen Zierbögen. Diese Bögen sehen aus wie auf dem Reißbrett entworfen; sie sind nicht aus dem Tektonischen erlebt, aus dem Gefühl für Massen, die sich tragen und drücken, sondern sie haben etwas Kunstgewerbliches an sich. Da findet sich zum Beispiel der charakteristische Hufeisenbogen, der sich stärker in einen Kreis hinein fortsetzt als ein romanischer Rundbogen; das ist eine Form, die sich in arabischen Moscheen sehr häufig findet. Es ist etwas Intellektuelles, etwas Zierhaftes daran. Hinzu kommt, daß solche Bögen dann noch oft unterteilt sind, so daß zahnartige Vorsprünge nach innen die Hauptlinie unsichtbar machen. Auch Spitzbogenformen kommen vor, aber zwiebelähnlich abgewandelt und oft wiederum unterteilt, so daß das Wesentliche des Spitzbogens, das Aufstreben und

Sichzusammenschließen nach oben wieder verdeckt und ins Zierliche verzogen wird. Und Gewölbe finden sich, in denen man die lastende Kuppel nicht mehr sieht, sondern die aufgeteilt sind zu einem sogenannten Tropfsteingewölbe; auch das ist charakteristisch arabisch. Diese Kunstgesinnung verträgt eben nicht die große Fläche, die große Krümmung, sondern will immer unterteilen. *Das Ganze ist so dargestellt, als ob es aus den kleinsten Teilen zusammengewachsen sei,* als ob die kleinsten Teile erst durch ihr Zusammentreten das Ganze ergeben hätten. Das ist ein außerordentlich wichtiges Ergebnis, das uns noch weiter beschäftigen wird.

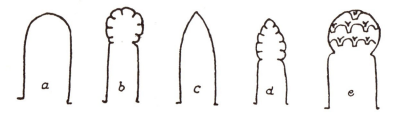

Abbildung 2. Architektonische Grundformen in ihrer arabischen Abwandlung: a Rundbogen, b Hufeisenbogen (unterteilt), c Spitzbogen, d Spitzbogen unterteilt, e Tropfsteingewölbe.

Ebenso ganz von der Gedankenseite her konzipiert ist der Zierat, das Ornament. Es ist etwas, was man sich ausdenken kann. Die arabischen Zierlinien haben nichts Lebendiges mehr, wie es die griechischen und römischen haben. Von der Ranke aus, die sich an Formen der Pflanzenwelt anlehnt, entsteht die geometrisierte Zierlinie, die zierliche «Arabeske». Die Lebendigkeit des Pflanzenhaften ist fast ganz ausgetrieben; es ist ein totes Nachbild davon übrig. Mit diesem Zierat sind die Flächen der Moscheen bedeckt. Alles ist wie aufgelöst in ein erstarrtes Geranke, in dem sich kein wahres Wachstum mehr verrät. Hinzu kommt ein charakteristisches Merkmal: es ist der Drang zur Symmetrie, der der organischen Pflanzenwelt eigentlich fremd ist, aber im arabischen Ornament sich stark auswirkt. Auch dieser Drang kommt ganz aus dem Intellektuellen, und es ist bezeichnend, daß er gerade im Arabismus sich so stark auswirkt.

Da offenbart sich ein Kennzeichen des arabischen Wesens, ins Künstlerische übertragen: die *intellektuell gewordene Phantasie*. Natürlich können arabische Kunstleistungen einen großen Reiz haben; man braucht nur an die berühmte Alhambra zu denken. Diese Kunstwerke können von einer derartigen Pracht und Schönheit und Stilreinheit sein, daß man sie sich nicht weiter- und vollkommener entwickelt denken könnte. Da ist ein wahrer Überdrang nach Einzelgestaltung, alles mit starken, reinen Farben durchwoben, blau und rot und schwarz, mit bunten Steinen und Emaille durchsetzt, von silbernen und goldenen Ornamenten durchzogen. Und da hineinverwoben finden sich auch Schriftzüge, deren Zeichen selber ornamental wirken. Die Schriftzeichen gehen wie selbstverständlich ins Ornament über, sind überall von Zierlinien umgeben und fast ertränkt (Worte aus dem Koran zum Beispiel). Es gibt arabische Bücher, wo der Text auf fast lächerlich kleinem Raum zusammengedrängt ist, und alles übrige auf der Seite ist Ornament. Die Seite ist wie ein Teppich. Auch hier spricht sich der echt arabische Drang nach spielerischer Gestaltung aus.

Die Araber waren auch die ersten, die mechanische Spielzeuge hergestellt haben. Sie hatten zum Beispiel Uhrwerke, die die verschiedensten Verrichtungen machten: pickende Vögel, singende Mechanismen und dergleichen. Diese spielen ja bis in die arabische Märchenwelt hinein eine Rolle, wie aus «Tausend und eine Nacht» bekannt ist. Da tritt zum Beispiel ein Zauberpferd auf, auf das man sich nur zu setzen und eine Schraube zu drehen braucht, und es fliegt davon. Wird die Schraube im anderen Sinne gedreht, so steigt das Pferd wieder herab. Das ist ganz charakteristisch. Man könnte sich gar kein bezeichnenderes Bild für das arabische Denken ausmalen, als daß es eben dieses mechanische Zauberpferd geworden ist, an dem man nur eine Schraube zu drehen braucht, um es in Gang zu setzen!

Es ist nötig, noch auf ein ganz anderes Element dieser arabischen Welt zu blicken: den arabischen Gottesbegriff. Hier kommt zum ersten Mal in der Geschichte eine abstrakte Lehre von einem *einzigen Gott* in der Welt zutage. Dieser Monotheismus ist etwas ganz anderes als der der jüdischen Religion, wo es sich um einen Stammesgott handelt. Mohammed lehrt einen Gott, der den Anspruch macht, auch von anderen Völkern ganz allgemein anerkannt zu werden. Sein Glaube wird mit Feuer und Schwert verbreitet. Aber Allah, dieser einheitliche und einzige Gott, hat eine bezeichnende *Menschenferne*. Eine ungeheure Kluft trennt ihn von dem Menschen. Er bekümmert sich nicht um den einzelnen, sondern regiert gleichsam im großen, was in der Welt geschieht. Alles ist ihm blindlings unterworfen, auch das einzelne Menschenschicksal.

Bekannt ist der arabische Glaube an die Unabänderlichkeit und Unerbittlichkeit des Einzelschicksals. Er setzt die Überzeugung von dem unerreichbaren Wesen Allahs voraus, in dessen Denken auch die letzte Einzelheit beschlossen ist. Man weiß ja, daß durch diesen Fatalismus der fanatische Mut genährt wurde, mit dem die Araber in den Kampf zogen. Wo das Schicksal vorbestimmt ist, kann es keine Gefahr geben. Man wird im Kampf überlegen bleiben, auch wenn man sich im größten Getümmel befindet, wenn Allah es beschlossen hat.

Man muß nun versuchen, alle hier aufgezählten Elemente des Arabismus als den Ausdruck einer einheitlichen geistigen Grundhaltung zu empfinden, denn alles Wissenschaftliche, Künstlerische und Weltanschauliche hängt hier aufs engste mit der besonderen geistig-seelischen Veranlagung zusammen.

*

Jener erste Angriff der Araber auf Mitteleuropa ist also zurückgeschlagen worden. Es ist damals nicht bis zu einer kriegerischen Auseinandersetzung der beiden Hauptströme in Mitteleuropa gekommen. Nun hat Rudolf Steiner aber in seinen Karma-Vorträgen angegeben, daß man die Zurückstauung des Arabertums als eine nur vorläufige ansehen müsse und daß die Invasion durch den Arabismus nur aufgeschoben worden sei; daß aber dadurch andere Kräfte aufgerufen wurden, die die Eroberung fortsetzten. Sichtbar ist der arabische Einfall zum Stehen gekommen, verdrängt worden vom physischen Plan, um sich umzuwandeln und auf eine andere Ebene überzugehen. Als äußere Kulturströmung ist er zurückgeschlagen, aber er *erneuert seinen Angriff aus einem unsichtbaren Ausfallstor ein Jahrtausend später*. In der Zeit, in der die Bewußtseinsseele geboren werden soll, kommen Individualitäten wieder zur Inkarnation, die in sich unsichtbar den arabischen Geistesimpuls von einem früheren Erdenleben her tragen. Sie selbst natürlich wissen nichts davon, auch die Zeitgenossen bemerken es nicht. Bedachtsam und mit aller nötigen Nüchternheit machte Rudolf Steiner diesen epochemachenden Hinweis. Versuchen wir, ihn zu begreifen und zu prüfen!

Da treten also Individualitäten auf wie Bacon, der einen außerordentlichen Einfluß auf die Gestaltung der modernen Naturwissenschaft hatte; oder Comenius, der die Grundlagen der neueren Pädagogik legte; oder Laplace, der Begründer des neuen astronomischen Weltbildes. Und unter diesen *Schrittmachern eines unsichtbaren, außerordentlich stoßkräftig gewordenen geheimen Arabismus* findet sich nach Rudolf Steiners Angabe auch Darwin.[34] Also Darwin, der im neunzehnten Jahrhundert der Entwicklungslehre eine bedeutsame Wendung gibt, wird von Rudolf Steiner in Zusammenhang mit arabischer Geistesart gebracht. Diese Angabe, die zunächst vielleicht verblüfft, wirft ein außerordentliches Licht auf das Verständnis des neunzehnten Jahrhunderts.

Man muß so weit ausholen, um zu verstehen, wie in Darwin und dem Impuls, den er der Abstammungslehre gegeben hat, der verdrängte Arabismus in einer geistigen Metamorphose wieder auflebt. Hat man sich durch die oben zusammengetragenen Tatsachen ein gewisses Formgefühl für die arabische Geistesgestaltung angeeignet und beschäftigt sich dann mit der besonderen Fassung, die Darwin der Entwicklungslehre gegeben hat, so steigen merkwürdige Entsprechungen empor. Man fühlt ein Licht aufgehen.

Zunächst ist die Entwicklungsidee im achtzehnten Jahrhundert geboren worden, so wie sie auftritt etwa bei Goethe oder bei Lamarck. Diese Forscher sehen das heutige vielgestaltige Leben (Pflanze, Tier, Mensch) aus früheren Formen hervorgegangen. Sie finden sich anschauend zu diesen früheren Formen hin, indem sie die heutigen hingebend betrachten. Goethe hat für diese Studien die Gedankenformen in seiner «Metamorphose der Pflanzen» gegeben. Lamarck hat sein Augenmerk mehr auf die möglichen Ahnengestalten von Tier und Mensch gerichtet. Man beachte nun, wie Goethe zu seiner Entwicklungsidee kam. Er betrachtet allerlei Pflanzen, auf der italienischen Reise etwa oder auf der Schweizerreise, und findet die Pflanzen, die er aus Deutschland kennt, umgewandelt wieder. Er bekommt durch dieses Anschauen ein Bild von der unsichtbaren Urgestalt, aus der sie alle hervorgegangen gedacht werden können. Alles ist bei ihm auf Anschaulichkeit gestellt. Sein Bild von der «Urpflanze» ist überaus beweglich. Mit einer besonderen Fähigkeit des inneren plastischen Sinns formt er es aus. Es ist im Grunde griechische Geistesart, die in dieser Fähigkeit verwandelt wieder auflebt. Dieser Impuls, der wiedergeborene griechische Impuls der Entwicklungslehre des neunzehnten Jahrhunderts, ist ganz deutlich zu spüren.[35]

Dies also war die Gestalt der Entwicklungslehre, bevor sie von dem darwinistischen Einschlag getroffen wurde. Dieser geschieht erst um die Mitte des neunzehnten Jahrhunderts. Der «Darwinismus» geht gar nicht auf das anschauliche, plastische Bild der lebendigen Formen ein. Er interessiert sich nicht für das Herauswachsen lebendiger Gestalten aus einer ebenso lebendigen Urgestalt. Das unmittelbare morphologische Interesse fehlt ihm. Der Darwinismus als Theorie ist etwas durchaus *gedanklich Entwickeltes*. Er stellt nicht fest, was ist, sondern was durch bestimmte Anstrengungen denkbar wird. Er macht sich anheischig, eine Erklärung zu liefern, warum die Entwicklung stattgefunden hat. Aber er gewinnt diese Erklärung nicht aus einer Zusammenschau wie Goethe, aus einem lebendigen Verfolgen von Formen und Umwandlungen, sondern durch ein mühevolles Sammeln und Zusammenstellen von Einzeldaten über *Merkmale* von Tieren und Pflanzen. Es sind nicht die Baugesetze, die Darwin interessieren, sondern die Varianten der Individuen. Das Gesetz wird nicht entwickelt, sondern aus einer mosaikartigen Zusammensetzung der verschiedensten Daten abgelesen.

Darwin überlegt sich rein denkerisch: was muß vorausgesetzt werden, damit eine Entwicklung des Höheren aus dem

Niederen denkbar wird? Wie können wir uns die ursächlichen Gründe eines Prozesses vorstellen, durch den immer neue Varianten von Formen aus den alten hervorgetrieben wurden? Es handelt sich nicht um ein lebendiges Hervorwachsen, sondern um ein Hervorgetriebenwerden durch Notwendigkeiten. Welche Ursachen, so fragt er sich, mußten aufeinander treffen, um die Entwicklung voranzutreiben? Das ist die charakteristische Denkhaltung der Strömung, die durch Darwin begründet wurde.

Darwins Leben selbst ist bezeichnend dafür. Von frühester Jugend auf hat er gesammelt. Auf seiner Weltreise (der einzigen großen Reise, die er gemacht hat) sammelt er ständig Material. Nach seiner Rückkehr legt er dann ein Buch an, in das er alle Notizen einträgt, die er über das Variieren der Tiere und Pflanzen bekommen kann. Er versendet sogar Fragebogen, um weiteres Material zu sammeln, veranstaltet sogenannte Rundfragen bei Züchtern über ihre Erfahrungen. Nachdem er fünfzehn Monate lang gesammelt hat, geschieht etwas sehr Bezeichnendes: er bekommt durch einen Zufall das Buch von Malthus «Über die Bevölkerungsfrage» in die Hand. Er liest darin, wie er selber sagt, zum Zeitvertreib; da fährt es wie ein Blitz in ihn hinein, daß ja in der Idee des Malthus das Problem der Entwicklung gelöst sei; daß man seine Idee nur auf das Werden von Pflanzen und Tieren anzuwenden brauche, um einen Schlüssel zum Verständnis der organischen Entwicklung zu haben. «Hier hatte ich also endlich eine Theorie, mit der ich arbeiten konnte», so schreibt er in seiner Lebensskizze.

Beachtlich ist nun die Argumentation Darwins. Er setzt voraus, daß die Entwicklung ein notwendiger, gleichsam von ferner erzwungener Vorgang ist. Er versucht, sich auszudenken, was dazu vorausgesetzt werden muß. Er findet: erstens die Tatsache der Überproduktion von Nachkommen. (Jedes Tier und jede Pflanze hat aus Notwendigkeit heraus immer viel mehr Nachkommen, als ernährt werden können.) Zweitens findet er, daß man notwendig voraussetzen muß, ganz unabhängig von dieser ersten Tatsache, daß die Nachkommen eines Elternpaares immer untereinander verschieden sind (was sich leicht nachweisen läßt). Wenn diese beiden Dinge, die unabhängig voneinander sind, die Überproduktion und die Verschiedenheit der Nachkommen, aufeinandertreffen, so entsteht notwendig daraus ein Kampf unter den Individuen um den Lebensraum und die Nahrung, der berühmte Kampf ums Dasein, von dem schon Malthus gesprochen hatte. Durch unerbittliche Notwendigkeit müssen in diesem Kampf alle Nachkommen eines Elternpaares bis auf zwei vernichtet werden, wenn die Zahl der Vertreter gleich bleiben soll, wie es gewöhnlich der Fall ist. Es werden voraussichtlich alle Nachkommen ausgemerzt, die irgendwie ungeeignet sind, und die taugicheren werden überleben, selbst wenn die Abweichung von ihren Genossen nur winzig ist.

Zwei Tatsachen kommen zusammen, ohne etwas miteinander zu tun zu haben. Noch eine dritte Tatsache nimmt Darwin hinzu, die auf die anderen auftrifft: die Tatsache, daß organische Wesen ihre Eigentümlichkeiten auf die Nachkommen vererben können. Dadurch sind die Wesen, die im Kampf ums Dasein erhalten geblieben sind, imstande, die Eigenschaften, denen sie ihr Überleben verdanken, zu vererben, und so kommt es allmählich zu einer immer größeren Häufung von günstigen Eigenschaften. Aber es lag dabei keinerlei Ziel und Absicht vor.

Von drei Seiten her sind die unerbittlichen Bedingungen geschaffen, gleichsam diktiert. Sie kommen zusammen und erzeugen dieses Wunder, das zunächst gar nicht mechanisch erklärbar erscheint: daß immer höhere Formen entstehen und zuletzt der Mensch. Durch Darwins Argumentation wird es eben doch mechanisch erklärt, wenn auch auf einem großen Umweg.

Wenn man längere Zeit dieses eigentümliche Entwicklungsbild auf den inneren Sinn wirken läßt, dann geht einem etwas Sonderbares auf: daß nämlich hier in einer modernen Form *das Verhängnis* wieder auftritt. Es ist die unabänderliche Bedingung gesetzt, daß einzelne Individuen unterliegen müssen. Was auf Erden sich abspielt, die Bildung lebendiger Formen, mag noch so zweckmäßig für den menschlichen Verstand erscheinen, noch so schön, in Wirklichkeit ist es durch einen unendlich fernen, unsichtbaren und unverständlichen Willen so diktiert worden. Umstände treffen zusammen, und Wesen, sie wissen nicht wie, unterliegen diesem Verhängnis. Man kann wirklich spüren, wie da in einer verwandelten Form die alte Fatumvorstellung auftritt, so umgewandelt, daß man sie nicht ohne weiteres wiedererkennt.

Nun ein Beispiel der Darwinschen Argumentation, das ganz charakteristisch ist! Er spricht in seinem Buch «Die Entstehung der Arten» von der Überproduktion von Nachkommen und führt folgendes aus: Nehmen wir ein Tier, das sich nur ganz langsam vermehrt, den Elefanten. Er lebt etwa hundert Jahre. Er hat die erste Nachkommenschaft mit dreißig, die letzte mit neunzig Jahren, und es fallen in diese ganze Zeit nur sechs Nachkommen (es ist so wenig wie möglich angenommen). Rechnet man aus, wieviel Elefanten nach einer bestimmten Zeit aus der Nachkommenschaft des ersten Paares leben, so kommt man auf sehr große Zahlen. Nach 740 bis 750 Jahren sind aus dem einen Paar neunzehn Millionen Individuen entstanden, also eine phantastische Zahl in noch nicht einem Jahrtausend. Bei einem schneller sich vermehrenden Tier wäre diese riesige Zahl, die natürlich viel größer ist als die Zahl aller Elefanten der Erde, schon in viel kürzerer Zeit erreicht. Und nun sagt Darwin, es gehe doch daraus hervor, daß in jedem Augenblick eine ungeheure Vernichtungsarbeit geleistet werde, denn in Wirklichkeit überleben doch von allen diesen Nachkommen nur zwei. Nur auf diese Weise könne die Verbreitungsziffer konstant bleiben.

Woher ist dies angebliche Beispiel genommen? Nicht aus der Erfahrung; es ist nicht beobachtet, sondern erdacht und dann ausgerechnet. In demselben Buch folgt gleich darauf ein weiteres Beispiel, das den Wolf betrifft. Darwin sagt da, der Wolf nähre sich von schnellfüßigen Herdentieren, zum Beispiel von Hirschen. Es ist ein lebhafter Wettbewerb um diese Nahrung, die nicht leicht zu bekommen ist. Da werden nur diejenigen Wölfe ihre Beute erreichen und sich ernähren können, die schnellfüßig genug sind; die anderen werden verhungern müssen. Die überlebenden aber werden sich vermehren und ihre Schnellfüßigkeit weitervererben. Dieser Prozeß setzt sich aus sich selber heraus fort, und so werden denn die Wölfe eben immer schnellfüßiger. Auch dieses zweite Beispiel ist charakteristisch. Denn es ist eben ein *erdachtes* Beispiel. Es soll damit natürlich nichts gegen Darwin ausgesagt werden, so als ob es unredlich wäre, Beispiele auszudenken. Aber es ist doch charakteristisch für seine Geisteshaltung, daß er dort, wo er etwas beweisen will, zwei erdachte Beispiele gibt. Es sind ja eigentlich *Denkübungen* und nichts anderes. Die Kunst der Gedankenbeweise hat sich erst im Mittelalter in der Zeit der Scholastik entfaltet. In Darwin lebt sie noch ganz naiv und unentwickelt.

Seine ganze Lehre von der natürlichen Zuchtwahl ist so aufgebaut, daß man hinter dem Prozeß der Auslese gewissermaßen in der Ferne immer den unerkannten, unsichtbaren Weltenzüchter hat, der sich der Naturgesetze nur bedient, um seine ganz unverständlichen Absichten auszuführen: ein ins Abstrakte hinübergeführter Allah, der spielerisch in den großen und unerbittlichen Naturgesetzen waltet.

So verrät sich bei Darwin der arabistische Einschlag mit voller Deutlichkeit: das fatalistische Element und jene Gottesidee, die die Lenkung der Welt in jene Unerreichbarkeit zurückschiebt, aus der die starr gegebenen Naturgesetze stammen.

Was da vorliegt gegenüber der ursprünglichen Strömung in der Entwicklungslehre, ist der Einschlag des ausgesprochen Ungoethischen, des Ungriechischen, mit seinem Hang zum Unanschaulichen. Gedanklich ist es stark, besonders im Kombinatorischen – aber es denkt nicht lebendig. Es entwickelt nicht, es macht nur wahrscheinlich. Es schaut nicht an, es rechnet nur von außen her.

Einundzwanzig Jahre hat Darwin unermüdlich Tatsachen gesammelt, was er schon auf seiner Weltreise begonnen hatte. Er hat unermüdlich selbst beobachtet, Freunde befragt, Literaturangaben exzerpiert und Fragebogen bearbeitet, bis er einen ganzen Berg von Material zusammen hatte. Dann wird er erst durch seine Freunde veranlaßt, sein Buch zu schreiben. Er schreibt es unter dem ungeheuren Druck seines Materials. Nachdem er angefangen hat zu schreiben, sieht er, daß es mehrfach so dick wird, als er beabsichtigt hatte. Nun macht er einen Auszug, preßt die Tatsachen nochmals zusammen; aber erst den Extrakt des Extraktes übergibt er der Öffentlichkeit. Es war immer noch ein recht stattlicher Band, der 1859 erschien. Das ganze riesige Material war gleichsam auf wenige Fäden aufgezogen: Variation, Überproduktion, Kampf ums Dasein, Auslese, Vererbung erworbener Eigenschaften. Immer dieselben Motive kehren in unendlichen Varianten wieder. Man kann wirklich fühlen, daß in dieser Gedankengestaltung etwas ist, was in der arabischen Kunst im Ornament gelebt hat: dieses Füllen von großen Flächen mit immer dem gleichen Motiv. Im neunzehnten Jahrhundert ist das zu dem Bestreben geworden, immer die gleiche Argumentation zu wiederholen, immer das Gleiche zu demonstrieren.

Das ganze Gedankensystem Darwins beruht eigentlich auf der Unterteilung in viele empirische Einzelheiten, die den Gedanken stützen sollen, über denen sich gleichsam der Gedanke wölbt. Das ist das Gleiche, was im Arabismus in der künstlerischen Gestaltung auftritt, jenes Unterteilen der architektonischen Formen, das Aufbauen aus vielen Einzelheiten, die überwölbt sind von der Gesetzlichkeit eines Architravs und dergleichen. Oft ist es so, daß die Grundlinie von den Einzelheiten fast aufgelöst wird. Im Darwinismus findet sich dieser «Stil» ins Gedankliche übertragen. Es sieht für einen Menschen, der dafür einen Blick hat, wirklich nicht aus wie ein lebendiger Gedankenkuppelbau, sondern wie ein Tropfsteingewölbe.

Man fühlt so recht, wie im Unterschied zu der Goetheschen Denkart im Darwinismus eine Unbegreiflichkeit und beleidigende Härte der Fügung gegenüber dem menschlichen Erkenntnisstreben liegt. Etwas Sinnvolles, Schönes, Großartiges wie die lebendige Natur in ihrer Vielgestalt, soll im Grunde durch bloße Willkür entstanden sein, durch eine ins Grandiose getürmte Willkür im Aufeinandertreffen unerbittlicher Zufälle! Es ist dasselbe Beleidigende wie in der alten islamitischen Fatumvorstellung. Das Individuum brauchte eigentlich gar nicht zu leben, weil es vorbestimmt ist, wie es leben wird. Wozu ist es noch da, wenn sein Leben nur zur Erscheinung bringen kann, was ehedem schon bestimmt war? Es könnte dann ja ruhig beim Vorausbestimmtsein im Herzen Allahs bleiben. Das ganze menschliche und geschichtliche Geschehen wurde im Arabismus zu einem unbegreiflichen Spiel göttlicher Laune. Das ganze Entwicklungsgeschehen wird im Darwinismus zu einer beleidigenden Sinnlosigkeit, an der irgendein ins Fernste gerücktes Wesen sich freuen mag, das man aber in seiner Unfaßlichkeit eigentlich nur noch fürchten kann.

*

Wir leben mitten in diesen Einflüssen, die im neunzehnten Jahrhundert aufgetaucht sind und bis heute in uns und um uns nachwirken. Man muß beim Arabismus immer wieder daran denken, daß die Griechen für ihre schöpferische Phantasie jene Imagination des Pegasus hatten, des lebendigen Flügelpferdes, das sich nicht leicht regieren läßt; die Araber hatten statt dessen jenes mechanische, metallene Flügelpferd, das durch den Druck einer Schraube in Bewegung gesetzt werden kann. Es ist das Bild für die Gefahr, die heute ständig unser Denken bedroht, und gegen die wir uns wappnen müssen.

Vielleicht kann man im wissenschaftlichen Arbeiten und in der Gedankenhaltung des neunzehnten Jahrhunderts, insofern sie den Arabismus in sich haben, noch eine andere bezeichnende und tragische Ähnlichkeit mit dem Koran finden. Im Koran nämlich wird die Darstellung des Menschen, die Aufstellung einer Menschengestalt zum Beispiel in einer Moschee, ausdrücklich verboten. Alle die vielen bunten Formen, die unzähligen künstlerisch-ornamentalen Einfälle, die die arabischen Bauten zieren, sind ohne die Gestalt des Menschen. Und so mag es auch von dieser Seite her verstanden werden, wie es gekommen ist, daß in der Wissenschaft des neunzehnten Jahrhunderts jener Mittelpunkt fehlt, jene Kerngestalt, die alles zusammenfaßt, und um deren Wiederauffindung und Wiederaufstellung sich die Anthroposophie bemüht: der Mensch.

Weg und Abweg der Geistesschau – Goethe und Oken

Wie die Pflanze im Wachsen sich aus der Region der Schwere und Feuchte in die des Luftigen und Wärmehaften erhebt und im Aufsteigen ihre verschiedenen Organe abwandelt, ohne die Grundform (des Blattes) ganz aufzugeben, so durchwächst auch die menschliche Entelechie im Gesamtlauf ihres Daseins verschiedene Regionen. Nur sind diese Regionen in der Zeit anstatt im Raum ausgebreitet: es sind die Zeitepochen, in welchen sich der unsterbliche Wesenskern in der Form verschiedener Persönlichkeiten in irdische Inkarnationen hineinfindet.

Bei der Pflanze sieht man die einzelnen Stufen *räumlich* übereinander geschichtet und kann daher die immer feinere Ausgestaltung der Blätter bis zum Blütenhaften hin im Raum verfolgen. Die menschliche Entelechie durchwächst die *Zeiten*. Sie breitet sich aus als irdische Persönlichkeit einer bestimmten Epoche, zieht sich dann zusammen und verschwindet aus dem Sichtbaren, um sich von neuem in einem anderen Zeitalter auszubreiten. Aber der bei der Pflanze mit dem Wachsen unaufhaltsam einhergehende Prozeß der Steigerung und Verfeinerung der Säfte hat im Menschen keine handgreifliche Entsprechung. Wohl schreitet die menschliche Entelechie fort, aber nicht im trivialen Sinne. Wer von einem Leben zum nächsten derselben Individualität einen äußeren Gewinn an «Niveau» erwartet, würde sich täuschen. Es gibt freilich gewisse triviale Auffassungen von Wiederverkörperung, die den Fehler machen, sich die Wandlung durch die Zeitalter als platte Vervollkommnung vorzustellen. In Wirklichkeit aber greift in jedem neuen Menschenleben Keimhaftes, halb und voll Entwickeltes ineinander; was schon Frucht trägt, steht neben dem, was noch nach Entfaltung drängt; und so gehört der Mensch auf jeder Stufe den verschiedensten Phasen an: er kann in einem Betracht schon reif sein und in bezug auf anderes noch ein Anfänger.

Dadurch wird es viel schwerer, die Folge von Persönlichkeiten, die dieselbe Entelechie durchläuft, als wirkliche Stufenfolge zu empfinden. Immer von neuem deckt sich Anfängliches mit Reifem übereinander und Neues mit Abgelebtem. Durch Rudolf Steiners ins einzelne gehende Beschreibungen kann man die Metamorphosen verfolgen, die die Entelechie großer Individualitäten in den einzelnen Zeitaltern durchlaufen hat. Man gewinnt dadurch einen tieferen Einblick in die Wesensgründe der Persönlichkeit, als irgendwelche Psychologie geben könnte. An die Stelle der bisher üblichen psychologisierenden Biographie tritt die Pneumatologie, die es mit der Metamorphose der Entelechie durch die Zeitalter hindurch zu tun hat.

*

Ein außergewöhnlicher Einblick in *Goethes* Persönlichkeit ergibt sich, wenn man eine Angabe Rudolf Steiners zum Leitfaden nimmt.[36] Es sei hier der Versuch gemacht, die Metamorphose, in der sich eine bestimmte Geistesanlage bei Goethe entwickelt, anschaulich zu machen.

Für den heutigen intellektuellen Menschen besteht zunächst die Schwierigkeit, sich die Umwandlung einer räumlich-leiblichen Tätigkeit des einen Lebens in eine seelisch-geistige Anlage des anderen vorzustellen. Aber gerade hier ist Goethes Gedanke der Steigerung eine große Hilfe. Was in einem Leben als Tätigkeit der Glieder, als Gewohnheit, als bestimmte Art zu sprechen oder sich zu bewegen, auftrat, kann in der nächsten Verkörperung als seelisch-geistiger Habitus, als Geste im übertragenen Sinne wiedergefunden werden. In seinen Vorträgen über die karmischen Zusammenhänge großer Persönlichkeiten gab Rudolf Steiner hierfür immer neue Beispiele.

Auch Goethe ist unter diesen Beispielen. Seine Art zu schaffen, künstlerisch und forscherisch, ist von einer ganz bestimmten geistigen Prägung. Die wissenschaftlichen und die künstlerischen Werke unterscheiden sich ganz deutlich für den Empfänglichen von dem Eindruck, den die Werke anderer Zeitgenossen machen. Man mag die «Metamorphose der Pflanze» oder die «Beiträge zur Optik» zur Hand nehmen oder vielleicht den «Wilhelm Meister» und wird allenthalben denselben Eindruck eines *außerordentlich bedächtigen Vorschreitens* erhalten. Jeder Satz ist, gedanklich und formal, von einer Beharrlichkeit und Behutsamkeit ohnegleichen. Nur Nächstes ist mit Nächstem verbunden, nirgends ist der Stil oder der Gedanke sprunghaft oder flatterig. Selbst dort, wo ein Einfall, eine ironische oder humorvolle Bemerkung, ein Seitenblick eingefügt ist, geht er aus der Notwendigkeit des Ganzen hervor, ist nie um seiner selbst willen hingesetzt. Sachte, sorgfältig und verantwortlich führt Goethe seine Leser – ganz so, wie er selber ursprünglich geschritten ist. Das gibt seinen Darlegungen die Note der Gemächlichkeit, die dem heute eiligen Menschen fremd geworden ist. Aber wer Goethe oft liest, kann daran ein wunderbares Wohlgefallen finden. Die innere Geschlossenheit, die Größe des klassischen Zeitalters umfängt ihn.

Es kommt darauf an, sich diese geistige Gebärde Goethes zum Bewußtsein zu bringen. Sicherer Rückhalt und ruhiges Weiterschreiten, stetes Sichforttasten und Zielgewißheit wirken darin zusammen. Lückenlos reiht Goethe das neu Erfahrene dem Bekannten an. Auch dort, wo er zunächst nicht weiß, was er sucht, ist er zuversichtlich. Es schwebt ihm etwas lange vor, ohne daß er es formulieren kann. Aber er geht wohlgemut vorwärts, und die Erscheinungen reihen sich wie von selbst zusammen. Er braucht ihnen keine Gewalt anzutun.

Goethe ist sinnenfreudig, aber keinen Augenblick unwach. Er versenkt sich vollkommen in die Erfahrung, ohne sich darin zu verlieren. Er selbst nennt es «ruhige Aufmerksamkeit». Man sieht ihn bei solchem Worte fast bildlich vor sich: wach und doch ruhig, nicht ungeduldig und doch lebhaft tätig, «immer auf die eigenen Schritte und Tritte achtgebend und sich vor jeder Übereilung hütend».[37]

Bei aller Erfahrungsfreudigkeit behält er die möglichen Fehler ständig im Blickfeld. Er beurteilt in jedem Augenblick auch sich selbst, den Beurteilenden. Bestand hat für ihn nur, was er als sich selbst beobachtender Beobachter gefunden hat. Wer über die Welt etwas aussagen will, muß wissen, wie er selbst zur Welt steht. «Kenne ich mein Verhältnis zu mir selbst und zur Außenwelt, so heiß ich's Wahrheit.»

So spricht ein Mensch, der als Forscher ganz Sinnesorgan geworden ist, der sein Erkenntnisorgan selber erst im Verhältnis zur Welt, die er betrachten will, entwickelt hat. Das Auge ist am Licht für das Licht gebildet. So empfindet sich Goethe als ein Wesen, das, weil es sein Verhältnis zur Welt kennt, auch Aussagen über sie machen darf.

*

Man hat oft die strenge und bewußte Empirie übersehen, die Goethe sich in allen Forschungen zur Regel machte. Bei allem Hochflug des Geistes gestattet er sich nirgends eine Flüchtigkeit oder Voreiligkeit. Bevor er das Wort *Urpflanze* zum ersten Mal niederschreibt, studiert er aufs sorgfältigste unzählige Pflanzenformen. Jahrelang betrachtet er den Gedanken der Urpflanze als «Grille». Er mißtraut ihm, betrachtet ihn so lange als bloßen Einfall, bis er seiner Sache sicher ist. Jede Reise, jeder Wechsel des Klimas muß ihm zu neuen Beobachtungen verhelfen; sogar krankhafte Gestalten sind ihm Dokumente des Naturschaffens, die er in die volle Breite der Erfahrung einbeziehen muß. Endlich kann er das erlösende Wort aussprechen.

Auch bei der Farbenlehre geht er so vor. Da ist kein Versuch, den er nicht abwandelte, keine Anordnung, zu der er nicht das polare Gegenteil aufsuchte. Er wertet ein Phänomen so lange nicht, nennt es nicht eher wesentlich oder unwesentlich, als bis er alle Bedingungen durchschaut hat. Der weiße Streif auf dunklem Grunde durch das Prisma betrachtet, gibt ihm bloße Farbsäume. Erst in einer bestimmten Entfernung berühren sich diese in der Mitte, und es entsteht das Farbenband. Er erkennt bereits: Newtons Grundversuch ist ein willkürlich herausgerissenes Teilphänomen. Aber er macht auch den Gegenversuch, betrachtet den dunklen Streif auf hellem Grunde, erhält wiederum Farbsäume und erst in bestimmter Entfernung ein Farbband, diesmal mit dem Purpur in der Mitte, jener Farbe, die von Newton ganz ignoriert wird.

Nun hat er zwei Reihen von Erscheinungen in gleichsam unendlicher Gradation. Jetzt kann er *sehen*, welchen Fehler die

Newtonianer machen: sie nehmen einen Teilfall aus der Kette und machen ihn zur Grundlage ihrer «Erklärung». Goethe hat alle Fälle untersucht in unendlicher Modifikation; das Wesentliche ist durchschaut, und nun kann er es in einer wundervollen Ordnung darstellen. Das Urphänomen spricht sich selber aus: ein Helles durch eine «Trübe» gesehen gibt Gelb und Rot, ein Dunkles durch eine Trübe gesehen gibt Blau und Violett; wo Gelb und Blau sich zusammenneigen, entsteht als Mittleres Grün. Wo aber, an den entferntesten Polen, Rot und Violett sich annähern, entsteht die «obere» Vereinigung, der Purpur. Die ganze Farbenwelt ist zum Sprechen gebracht. Dem sinnlichen Eindruck reiht sich der sittliche an.

Aufs schärfste lehnt Goethe ab, daß man zur Erklärung der Farbenwelt etwas heranzieht, das selber nicht farbig ist. Er hat ein untrügliches Gefühl für den unerlaubten Sprung, der in solchem Rückgriff auf andere Wirklichkeitsgebiete liegt. Im Augenblick, wo jemand die Farben auf die Bewegung eines Stoffes zurückführen will oder auf Vorgänge in einem Unstofflichen, wehrt er ab: man darf nicht von der Lichtwelt auf etwas anderes im Erklären abgleiten. Lichterscheinungen müssen so lange studiert und aneinandergereiht werden, bis sie selbst ihr Gesetz aussprechen.

Nirgends darf ein Sprung sein. Nirgends darf ein Abgleiten erfolgen. Ergreift man diese bezeichnende geistig-seelische Gebärde Goethes, des Forschers, so hat man den Eindruck eines Menschen, der sich geistig an einem Ding *entlangtastet*. Er erlebt als Forscher dasselbe, was die Hand erlebt, wenn sie einer Fläche folgt, ihren Krümmungen nachgeht und sofort haltmacht, wenn sich ein Sprung ergeben will. Dann tastet die Hand an dem Sprung entlang und weigert sich, ins Leere vorzustoßen. Sie bleibt «bei der Sache».

Diese Tätigkeit geht durchaus auf *einen nach innen genommenen Tastsinn* zurück. Dieser ist so ausgebildet, daß er den Rückgriff von der Lichtwelt auf eine zugrundeliegende Schwingungswelt (welcher Rückgriff heute ganz selbstverständlich genommen wird) wie ein Abgleiten und Ins-Leere-Sinken empfindet. Der Niveauverlust vom Lichthaften zum Lichtlosen wird wie ein Abrutschen erlebt und daher gemieden. Der geistig Tastende macht halt und besinnt sich. Er weiß: das, wovon Newton spricht, kann gar nicht das Licht sein.

In allen Arbeiten Goethes findet sich, was wir hier an den Beispielen der Pflanzen-Metamorphose und der Farbenlehre nachgewiesen haben. Goethe selbst spricht sich in dem bewundernswerten Aufsatz «Der Versuch als Vermittler von Objekt und Subjekt» darüber aus. Als größte Gefahr für den Forscher sieht er es an, wenn dieser einen «Sprung in der Assertion» macht und es nicht merkt. Insofern ist für Goethe die Mathematik Vorbild, da man bei ihr Schritt für Schritt weitergehen muß. Immer wieder dringt er auf *Kontinuität*. Der Zusammenhang bestimmter Erscheinungen ist ihm wie eine Fläche, die durch ihre Gestaltung spricht.

*

Gewiß ist Goethe Augenmensch, wie man oft gesagt hat, aber dies widerspricht seinem geistigen Tasten nicht, denn bei näherem Zusehen findet man, daß sein Auge selbst zu einem Tastorgan geworden ist. Goethe ist zugleich schauender und tastender Mensch, ja, es ergibt sich sogar aus diesem Zusammenhang eine bedeutsame Einsicht:

Wir Heutigen haben im Auge keine Tastempfindung mehr, nur einen Rest davon in der perspektivischen Wahrnehmung, aber die Farbe ist für uns ohne Tiefe. (Erst für den Sucher auf dem Erkenntnisweg, den Rudolf Steiner angegeben hat, wird dies anders; er erlebt wieder das Rot als ein Entgegenkommendes, das Blau als ein Nachgiebiges.) Diese Tastempfindung im Sehen hatte Goethe noch. Sie gehört zu seinen mitgebrachten Fähigkeiten, die aus tieferen Untergründen aufsteigen. Geht man geschichtlich rückwärts, um die Zeit aufzusuchen, in der diese Tasterlebnisse des Auges noch vorhanden waren, so kommt man in die *griechische Epoche*. In Platos «Timäos» hat diese Art des Sehens eine überraschend deutliche Darstellung gefunden. Plato beschreibt in seiner Darlegung über die menschlichen Sinne den Akt des Sehens als das Ausströmen eines milden (nicht brennenden) Feuers durch die Augen nach den Körpern hin. Dieser ausströmende Lichtkörper empfängt, nach Plato, von den Dingen die Eindrücke und gibt sie an die

Seele weiter. Also Plato hat dies offenbar noch erlebt. (Die Kommentatoren machen sich meistens über seine «primitive Vorstellung» lustig.) Man sieht: Goethes Art zu sehen, ist dem griechischen Tastsehen verwandt. Es ist, in den Augensinn hereingenommen, dasselbe, was geistig-seelisch in dem Bedürfnis nach Kontinuität, nach Vermeiden der Sprünge in der Assertion hervortritt.

Man kann hier buchstäblich gewahr werden, wie die lebhafte plastische Tätigkeit aus Hand und Auge bei Goethe in das Erkennen hereingenommen ist, und man hat wenigstens an diesem Punkt die Möglichkeit, in Goethe den wiedererstandenen Griechen zu erkennen.

Aus Rudolf Steiners geistiger Forschung stammt ja die überaus lichtspendende Darstellung, daß die Individualität Goethes sich in einem früheren Leben mit griechischer Kunst befaßte und daß daraus dann Goethe, der «Plastiker der Idee», entstanden ist.[38]

*

Auch für die *Darstellung* der Forschungsergebnisse stellt Goethe ganz bestimmte Forderungen auf. Sie hängen aufs engste mit seinem Forschungsweg selber zusammen. Diese Forderungen sind der bisherigen Naturforschung fremd. Man sieht es an der ganz anderen Stellung, die Goethe zum Problem des Beweises hatte.

Goethe ist der Überzeugung, daß es nicht am Platze sei, in wissenschaftlichen Arbeiten Beweise zu führen. Für ihn ist Beweisführen eine juristische Aufgabe. Man muß sie dem Advokaten überlassen. Ein Wissenschaftler hat seine Ideen nicht zu beweisen, sondern zu *entwickeln*. Er muß die Erscheinungen so lange selbst sprechen lassen, bis der Leser oder Hörer sie im Geiste vor sich hat. Daher sind «seine Beweise eigentlich nur umständliche Ausführungen und Rekapitulationen». Diese Äußerung ist überaus bezeichnend für Goethe.

Ein Advokat wird seine Aufgabe am besten erfüllen, wenn er geschickt aus dem Bereich der Tatsachen dies und jenes aufgreift und daraus seine Argumente formt. Er wird ein desto besserer Advokat sein, je weniger Material er braucht und je mehr er daraus macht. Das gerade Gegenteil ist Aufgabe des Wissenschaftlers: er muß möglichst vollständige Erfahrungen sprechen lassen und selber möglichst wenig dazu sagen. Seine Tätigkeit erschöpft sich darin, die Erscheinungen in ihrem Zusammenhang zu erkennen und *in ihrem Zusammenhang* darzustellen. Dann kann er es dem Leser überlassen, sich die Einsicht, aus der er darstellend schrieb, selbst zu bilden.

Ganz zuwider ist es Goethe, wenn jemand die beweisende Methode in die Wissenschaft hineinträgt. Deshalb verwirft er das Vorgehen der Newtonianer. Denn diese wählen einen Versuch aus, der ihnen gelegen kommt, und argumentieren: das Licht trete ins Prisma, werde durch das Prisma in Farben gespalten, und dies beweise, daß das Licht aus Farben bestehe. Für Goethe ist solches Vorgehen in der Wurzel falsch, im Endergebnis gefährlich. Man muß empfinden, daß für Goethe bei einigem Geschick alles Erdenkliche bewiesen werden kann. Es genügt, daß der Beweisführende «captiös» genug ist. Bei aller Freude, die Goethe am geistreichen Verhalten haben kann, bei allem Geschmack, den er an einer schlagenden und «artigen» Ausdrucksweise hat, ist er ein abgesagter Feind alles glänzenden Argumentierens und Vermutens.

*

Nun geschieht es, daß er einem Naturforscher begegnet, der ganz in geistreichen Vermutungen und glänzenden Formulierungen lebt, der ganz aphoristisch arbeitet, der alles als Aperçu gibt und unvermittelt «hinpfahlt». Dieser hochbegabte Naturforscher ist Lorenz Oken. Wohl kann man auch heute noch an seinen Formulierungen, weil sie glänzend sind, Freude haben. Sie sind alle gleichsam unter Willensdruck geboren. Oken arbeitete, wie Rudolf Steiner sagt, auf die Pointe los. Er entwickelt nicht. Seine Darstellung ist abrupt und suggestiv-eindringlich. Er läßt ein Brillantfeuerwerk auf den Leser los.

Für Goethe ist alles, was dieser Forscher schreibt, suspekt. Oken gibt nirgends das Gefühl, daß man auf sicherem Boden schreitet. Goethe tastet, macht jede Bewegung mit, verliert das Bewußtsein der Grenze nie. Seine Gedanken haben feste Formen. Bei Oken ist alles luftig, die Idee blitzartig und feuerhaft.

Es sind Sternschnuppen, die da fallen, dann und wann auch Irrlichter. Es gibt keinen größeren Gegensatz als den auf festem Grund schreitenden Goetheschen und den im Luftigen blitzartig hin- und herfahrenden und Sternschnuppen ausstreuenden Stil Okens.

Oken war dreißig Jahre jünger als Goethe. Er war der geistreichste unter allen Naturphilosophen. Man muß seine Bücher mit stilistischem Gefühl lesen; seine Sprache ist fesselnd, aber sie ist das Gegenteil der Goetheschen. Jeder Satz beweist es. Dabei sind die Einfälle von einer ungewöhnlichen Genialität. Etwa dort, wo er Pflanze und Tier im mathematischen Gleichnis darstellt.[39] Überall trifft man auf eine außerordentlich geniale Konzeption. Gerade aus anthroposophischen Voraussetzungen kann man empfinden, wieviel Richtiges in all diesen Bildern und Aperçus steckt. Aber Oken setzt sie einfach hin, und wenn man weiter liest in der Erwartung, er werde nun erzählen, wie er zu diesem Einfall gekommen ist, was für Gründe er dafür geltend machen kann, so hört der betreffende Paragraph auf. Okens Lehrbuch der Naturphilosophie besteht aus vielen Tausenden von Paragraphen, die alle sehr kurz und schlagend sind. Alle sind glänzende Aphorismen. Nirgends aber ist ein Versuch, den Gedanken zu entwickeln.

Goethe ist dies unheimlich und auf die Dauer zuwider. Persönlich verhält er sich Oken gegenüber zunächst abwartend, weil er seiner ganzen Art nach ihm nicht zustimmen kann. Man darf dieses anfängliche Stutzen schon nicht auf den Unterschied im Temperament zurückführen, der zweifellos besteht. (Oken ist ausgesprochener Choleriker.) Es ist ein *Gegensatz der Geistesart*. Oken selbst wird von der hereinbrechenden Flut seiner Einfälle überwältigt, und es ist ein Wunder, daß es ihm gelingt, sie überhaupt niederzuschreiben.

Bezeichnend ist, daß Oken bereits im zweiten Semester seines medizinischen Studiums (1802) auf einen einzigen Wurf sein System der Naturphilosophie konzipiert und auf wenigen Seiten umreißt. Diese Niederschrift[40] enthält im Keim bereits alles, was Oken sein Lebtag ausgesprochen hat. Das Ganze ist, wie Okens Biograph Ecker sagt, «fertig seinem Haupt entsprungen».

Okens Grundidee ist, daß der Mensch aus dem ganzen Universum zusammengeronnen und aus allen Weltgebieten ineinandergefügt ist. Jedes schickt seinen Abgesandten in den Menschen: die Welt des Lichtes das Auge, die Welt des Tones das Ohr, die Welt der Rhythmen den Herzschlag, die Welt der Mineralien das Skelett und so weiter. Wird der Mensch richtig betrachtet, so findet man seine Organisation in alle Weltrichtungen sich fortsetzend. Das Universum ist der entfaltete Mensch, der Mensch das zusammengefaltete Universum.

So tief verwandt Goethe diese gesamte Konzeption sein mußte, so unsympathisch war ihm, wie Oken sie aussprach. Man kann sich sehr gut vorstellen, wie peinlich es Goethe sein mußte, als Oken auch noch auf das Gebiet kam, auf dem Goethe selbst arbeitete: die Entwicklung und Deutung der menschlichen Schädelknochen. Goethe hatte sich Jahre hindurch mit der Idee befaßt, den Schädel aus umgewandelten Wirbelknochen aufzubauen. Da erhielt er im Jahre 1807 das «Programm», das Oken zum Antritt seiner Professur in Jena vorgetragen hatte: Über die Entwicklung und Bedeutung der Schädelknochen. Man kann sich vorstellen, wie Goethe zumute war, als er dieses Programm aufschlug und die Worte las: «Eine Blase verknöchert, und sie ist ein Wirbelbein. Eine Blase verlängert sich zu einer Röhre, wird gegliedert, verknöchert; und sie ist eine Wirbelsäule. Die Röhre gibt (nach Gesetzen) blinde Seitenkanäle von sich, sie verknöchern; und es ist ein Rumpfskelett. Dieses Skelett wiederholt sich an beiden Polen, jeder Pol wiederholt sich an dem andern; und sie sind Kopf und Becken. Das Skelett ist nur ein aufgewachsenes, verzweigtes, wiederholtes Wirbelbein; und ein Wirbelbein ist der präformierte Keim des Skeletts. Der ganze Mensch ist nur ein Wirbelbein.»

Goethe konnte hier unmöglich zustimmen, obwohl es dieselbe Grundidee war, die er auch gehabt hatte. Er mußte sich sagen: es ist inhaltlich richtig, was Oken schreibt, und doch wissenschaftlich unberechtigt. Die eifernde, zudringliche Diktion Okens mußte ihn argwöhnisch machen. Er fühlte, daß dieser Lapidarstil die Unangreifbarkeit nur vortäuscht. Okens Sätze sind wie Festungen, von vornherein auf Verteidigung eingestellt.

Man kann den Gegensatz nicht deutlicher gewahr werden als an der verschiedenen Art, wie beide zur Frage des geistigen Eigentums stehen. Goethe billigt dem Naturforscher zu, ja er erwartet von ihm, daß er in geselligem geistigem Verkehr mit anderen Forschern steht. Der Forscher muß so viel Vertrauen in seine Gedanken haben, daß er sie auch im werdenden Zustand seinen Freunden mitteilt. Deshalb schreibt Goethe: «Wie allgemein muß der Nutzen sein, wenn unterrichtete Menschen einander in die Hände arbeiten.» Oken aber sitzt gleichsam auf seinen Entdeckungen wie der Raubvogel auf dem Nest. Er will niemand heranlassen. In vollstem Gegensatz zu Goethe schreibt er: «Was ist eigener als geistiges Eigentum? Felder, Gelder und Wälder können uns Diebe, Eroberer und Tierfraße rauben. Aber ins Feld unseres Geistes dringt keine Armee, das Feld unseres Wortes verschlägt kein Finanzier, den Wald unserer Schriften verheert kein bête sauvage...»[41]

Das ganze Wesen Okens spricht sich in dieser Haltung aus. Sie ist der Goethes radikal entgegengesetzt. Hier stoßen zwei Welten zusammen.

*

Lebensereignisse sprechen unerhört deutlich, wenn man ihren bildhaften Inhalt zum Sprechen bringen kann:

Goethe findet auf der ersten italienischen Reise auf dem Judenfriedhof in Venedig jenen berühmten geborstenen Schafsschädel, der ihm seine Idee vom Wirbelaufbau des Schädels bestätigt. Goethe ist unendlich glücklich über diesen Fund, durch den die Natur selber seinen Gedanken das Siegel der Richtigkeit aufdrückt. Lange hatte er um die Idee gerungen; nun gibt ihm das Leben den Schlußstein in die Hand: der gefundene Schädel ist so zerborsten, daß man seine Segmente vor sich hat. Hier hat die Natur eine Ausnahme zugelassen; was sonst nur in der Idee erfaßt werden kann, ist in die Erscheinung herausgetreten.

Oken findet auch einen Schädel, der in ähnlicher Weise geborsten ist. (Der Fund Goethes ist ihm unbekannt geblieben.) Auch ihm drückt das Schicksal in einem bestimmten Augenblick das «offenbare Geheimnis» in die Hand. Es geschieht auf einer Kletterpartie, die er mit Studenten am Ilsenstein unternimmt. (Er hat ihn bestiegen, «um einige Pistolen abzubrennen».) Oken hat bis dahin nicht über die Wirbel-Metamorphose des Schädels nachgedacht. Der Fund bringt ihn erst darauf. Die geradezu in ihn hereinbrechende Einsicht spiegelt sich in seinen Worten: «Aufgenommen, umgedreht, besehen, und es war geschehen. Es ist eine Wirbelsäule, fuhr es mir wie ein Blitz durch Mark und Bein, und seit dieser Zeit ist der Schädel eine Wirbelsäule.»[42]

Nichts also von Ableiten und Entwickeln. «Es ist so» – wer es nicht sieht, dem ist nicht zu helfen.

Rein menschlich genommen ist dies gewiß schön und imponierend. Die Größe Okens spiegelt sich unbestreitbar darin. Aber es gelingt Oken nicht, auf einen gesunden naturwissenschaftlichen Erkenntnisweg zu kommen. Eine Idee bricht in ihn herein, er kann keine Rechenschaft geben, woher. Unvermittelt und brüsk gibt er die Einsicht weiter.

Oken hat Größe genug, um selber zuzugeben, daß er an glänzenden Gedanken seine Freude hat und alle Mittel in Bewegung setzt, sie glänzend darzustellen. Die Offenheit, mit der er an einer Stelle darüber spricht, ist sogar geradezu gewinnend. Es ist dort, wo er sich über den Phrenologen Gall ein wenig lustig macht: «Manchen Beleg zieht er freilich an den Haaren herbei, aber wer scharrt denn nicht alles zusammen, wenn er auf etwas einen Schuß hat? Ich weiß ja, wie ich es mache!»

Die geistige Atmosphäre, die diese beiden Gestalten – Goethe und Oken – umgibt, trägt die Spannung in sich, noch ehe sie sich physisch begegnen.

*

Man kann sich fast von vornherein ausmalen, wie diese Begegnung ausfallen mußte. (Oken selbst schreibt dann und wann an seinen Freund Schelling darüber, so daß man sich die Phasen zusammenstellen kann.)

Im Anfang gingen Goethe und Oken vorsichtig umeinander herum. Sie wichen sich aus. Es ist also zunächst nicht anders als zwischen Goethe und Schiller. Aber bei Schiller kam es schon beim ersten Zusammentreffen in Jena zu jenem berühmten Gespräch über die Urpflanze, es folgte die schrittweise Annäherung, und es reifte die Freundschaft, die weit über den Tod Dauer hatte. Bei Oken war es ein Zusammenstoß am Anfang, es folgte die steigende Entfremdung, es entwickelte sich eine immer größere Erbitterung, und schließlich brach auf Seiten Okens ein Haß gegen Goethe hervor, der sich weit über den Tod Goethes hinaus fortsetzte.

Nach der ersten Begegnung schreibt Oken an Schelling: «Es ist komisch, wie wir einander noch studieren. Es ist sehr wahrscheinlich, daß wir uns noch einige Wochen ansehen – und dann werden wir auseinanderfahren.»

Zwischen dieser und der nächsten Begegnung weilte Goethe in Karlsbad. Er arbeitete dort an der «Pandora», die ganz aus dem innerlichen Zusammensein mit dem verstorbenen Freund Schiller ihre Kräfte zieht.[43] Aus diesem Erlebnis heraus kommt Goethe zurück nach Weimar und trifft erneut auf Oken. Dieser war von Schelling vorher noch gütig gewarnt worden, er solle sich vor Extravaganzen hüten, solle in Goethes Gegenwart vom «Abbrennen von witzigen Sätzen» absehen; und wirklich scheint Oken sich zusammengenommen zu haben. Er kann Schelling schreiben: «Mit Goethe stehe ich sehr gut seit seiner Zurückkunft.» Sogar ein Maskenfest in Weimar macht Oken mit. Es ist köstlich zu erfahren, welche Maske Goethe ihm zuteilte: er gab ihm beim Planetenaufzug den – Morgenstern (Phosphoros). Man konnte es nicht sanfter und deutlicher ausdrücken. Und Schelling, der davon erfuhr, fand diese Idee Goethes «äußerst paßlich».

Erst im Juni 1809 gibt es die erste unheilvolle Verstimmung. Es handelte sich um das naturwissenschaftliche Kabinett in Jena, das Oken neu ordnen wollte. Es sollte einem Gelehrten übertragen werden (Voigt), den Goethe protegierte, den Oken aber für einen Schwachkopf hielt. Bei dieser Gelegenheit bricht der aufgestaute Konfliktstoff los. Jetzt zeigt sich, was Oken die ganzen Monate hindurch in sich gehalten hatte.

Daß es sich in diesem Konflikt bloß um die Priorität gehandelt habe, ist eine fable convenue. Gewiß spielt Okens Eifersucht auf den Alleinbesitz der Idee von der Wirbelnatur des

Schädels hinein, aber das ist eine Quelle der Verschärfung des Konflikts, nicht seine eigentliche Ursache.

Der eigentliche Grund liegt im geistigen Gegensatz. *Es ist der Kampf um das Wesen der Naturforschung.* Der enorme Unterschied des Temperaments steigert lediglich die Heftigkeit. Goethe kann nicht zurechtkommen mit Okens vulkanischer Natur, und Oken konnte ganz gewiß geradezu rasend werden über Goethes selbstsichere Gemächlichkeit. Aber man muß sehen, daß *der Streit Goethe-Oken ebensogut Weltbedeutung hat wie Goethes Streit gegen Newton.* Es ist kein gewöhnlicher menschlicher Konflikt.

Der wirkliche Grund des Streites dieser beiden Männer liegt in dem verschiedenen Wege. Für Goethe geht es nicht um das Recht auf eine Entdeckung, nicht um geistiges Eigentum oder fremden Ideenbesitz, sondern um den Weg, auf dem die Wahrheit gefunden wird. Nur dieser Weg ist für Goethe entscheidend. Deshalb pocht er darauf. *Für Goethe geht es nicht um die Ehre, sondern um die Methode.*

Das Äußerliche an dem Streit liegt heute ganz klar. Goethe hatte die Idee schon in den achtziger Jahren. Aber er veröffentlichte sie nicht. Oken hatte sie viel später. Aber er spricht sie schon 1807 aus.[44] Derartiges kommt oft vor. Es ist kein ausreichender Grund zu einem lebenslänglichen, ja über den Tod hinaus fortgesetzten Konflikt. Bedauerlich ist, daß in den üblichen Goethe-Biographien dieser Konflikt mit Oken mit Vorsicht und Zurückhaltung behandelt wird, als ob es sich um eine Schwäche und Empfindlichkeit des alternden Goethe gehandelt habe. Es ist grotesk, an Goethes überragender Persönlichkeit festhalten zu wollen und doch zu glauben, man müsse ihm im Konflikt mit Oken eine Schwäche nachsehen. Das darf nicht sein! Hier ist kein Raum für Eigensinn oder Mißgunst. Goethe weiß, was er will und wofür er kämpft.

Es wäre auch falsch, den Ernst der Entscheidung, die hier auf dem Spiele steht, zu verdecken und in falscher, vermeintlicher Menschlichkeit zu sagen: Wie schön wäre es gewesen, wenn zwei so große Männer sich vertragen hätten! Dies wäre ganz ohne Sinn für die Wirklichkeit gesprochen. Es handelte sich um einen Kampf, der unerbittlich sein mußte, und in dem Entscheidungen auf dem Spiel standen, die viel wichtiger waren als die Frage, ob zwei Persönlichkeiten miteinander zurechtkommen oder nicht.

In Goethe spricht sich die Ideensicherheit der neuen Zeit der Bewußtseinsseele aus. In Oken taucht der letzte Versuch einer abgelebten, auf unverstandener Intuition beruhenden Art der wissenschaftlichen Urteilsfindung auf. Man muß ihn wohl, trotz der unglaublichen Genialität, als einen der letzten Vertreter vergangener Geistesart ansehen. Sein Enthusiasmus und seine große Diktion machen ihn erträglich, aber wissenschaftlich ist sein Verfahren ganz und gar unfruchtbar. Es ist ja auch Tatsache, daß aus seinen wissenschaftlichen Arbeiten trotz der unerhörten Fülle glänzendster Ideen nicht viel hervorgegangen ist, während Goethes naturwissenschaftliche Schriften von unermeßlicher Fruchtbarkeit sind und vor allem noch sein werden.

Denn diese Schriften Goethes sind bahnbrechend in bezug auf eine gesunde Methodik. Sie haben durchaus Gegenwartsbedeutung. Wer sie heute mit Hilfe Rudolf Steiners bearbeitet, beginnt zu verstehen, daß Goethe in ihnen als Repräsentant gegenwärtiger und zukünftiger Naturforschung spricht. Er mußte in diesem Punkt unerbittlich sein. Es ist keine Künstlereitelkeit, kein Starrsinn, keine Überheblichkeit, sondern Treue zu dem, was er als den richtigen Weg erkannt hat.

Daß Goethe sich pharisäisch im endgültigen Besitz der Unfehlbarkeit glaubt, sollte man ihm ohnehin nicht zutrauen. Aber er beweist es zum Überfluß durch die Sätze: «Gewöhnlich sind wir geneigt, zwei Erfahrungen für näher verwandt zu halten, als sie sind, und ich habe an mir selbst bemerkt, daß ich diesen Fehler oft begehe.»[45] Vor solchem Freimut zerschellt jeder Verdacht. Wer so offen gegen sich selbst ist, darf auch streng gegen andere sein.

Zum Schluß möge eine Vermutung erlaubt sein. Befaßt man sich lange mit dem Unterschied der Geistesart Goethes und Okens, wie er oben dargestellt wurde, dann erhält man den bestimmten Eindruck, der Gegensatz der Persönlichkeit hänge mit dem Schicksal ihrer Entelechien zusammen. In Goethe kann man, wie wir zeigten, erkennen, wie er den Impuls der griechischen Zeit aufgenommen und in die Gegenwart verwandelt hereingetragen hat. Bei Oken muß man sich sagen, daß der Einschlag aus der griechischen Epoche (der vierten nachatlantischen Zeit im Sinne Rudolf Steiners) fehlt. Alle Anzeichen deuten in diese Richtung, nicht zuletzt Stil und Sprache, die einen wesentlichen Teil der geistigen Gebärde einer Persönlichkeit ausmachen. So muß man vermuten, daß das, was in Oken heraufbrach, wohl einer noch früheren Epoche entstammte. Rudolf Steiner beschreibt die vorgriechische Epoche als die ägyptisch-chaldäisch-babylonische, eben jene, die eine grandiose Weisheit von der Entsprechung des Mikrokosmos Mensch mit dem Makrokosmos pflegte. Ist das geistige Erbe dieser Epoche in Okens Persönlichkeit wieder hereingebrochen, ungeläutert durch den griechischen Einschlag, den Goethe so wahrnehmbar trägt, so rundet sich das Bild, so verstehen wir Okens Wesensprägung. Ihm tritt Goethe, der gewandelte Grieche, entgegen. Der gewaltige Werdegang menschlicher Entelechien durch die letzten Menschheitsepochen wird spürbar.

Wenn man schließlich hinzunimmt, daß Oken eine Zeitschrift herausgab, die den Titel «Isis» hatte und an ihrem Kopf ägyptische Götterbilder trug, so wird dies vielsagend genug. Und trotzdem darf im Sinne wissenschaftlicher Genauigkeit hier nicht mehr als eine Vermutung gesehen werden. Es genügt zu verstehen, daß älteres, nicht gleichmäßig weiterentwickeltes Geistesleben sich in Oken ankündigt. So lange eine Bestätigung aus echter Geistesforschung nicht vorliegt, wird selbst die bemerkenswerte Äußerung des Biographen Ecker (der Oken noch persönlich kannte) nicht mehr als eine interessante Analogie zu unserer Vermutung sein: «Lesen wir heute die kurzen, im Lapidarstile gehaltenen Sätze der Okenschen Naturphilosophie, so mutet uns diese Sprache an, als töne sie aus ferner Vergangenheit, wie aus dem Munde ägyptischer Priester zu uns.»

Jede bis ins Pneumatologische fortgesetzte Studie über die menschliche Entelechie führt in karmische Hintergründe. Individuelles und Menschheitskarma wirken ineinander. Daß im Streit zwischen den Erdenpersönlichkeiten Goethes und

Okens sich ein Kampf um den Fortschritt der menschlichen Erkenntnis spiegelt, der für die Gegenwart schicksalsbedeutend ist, kann einem Betrachter, der Sinn für die Bildersprache der Schicksale hat, nicht verborgen bleiben.

Ist die Maschine dämonisch?

Als vor einem Menschenalter der Entwicklungsgedanke siegte, nahm man allgemein an, der Mensch habe fortan als weiterentwickeltes Tier zu gelten. Man hatte noch nicht bemerkt, daß hier zwei Fragen vorliegen: die nach der aufsteigenden Entwicklung in den Erdperioden und die nach dem Übergang vom Tier zum Menschen. Je zweifelloser die Bejahung der ersten Frage wurde, desto weniger Beachtung schenkte man der zweiten. Man begnügte sich mit der allgemeinen Annahme, daß dieselbe Bildetendenz, die das Tier erzeugte, in ihrer gradlinigen Fortentwicklung auch die Menschenform ergeben haben könne.

Hier ist seit einem Jahrzehnt Wandel eingetreten. Merkwürdig genug: jetzt, da die religiös und philosophisch gestimmte Gegnerschaft der Abstammungslehre sich müde geredet hat, fangen die Biologen selber an, einen für wesentlich erachteten Bestandteil ihres Lehrgebäudes aufzulösen. Der Entwicklungsgedanke behauptet wie bisher das Feld. Die *Menschwerdung* aber ist problematischer geworden als je.

Man muß also einen früher für selbstverständlich gehaltenen Gedankengang radikal umdenken. Ein schwieriges Unterfangen, aber auch ein fruchtbares für selbständige Köpfe. Man gehe von einem einfachen Phänomen aus, um sogleich zu bemerken, worum es sich handelt.

Man betrachte die menschliche Hand. Wie viel ist darüber geschrieben worden, was für ein vollkommenes Werkzeug sie sei. Aber das ist sie gar nicht. Man sieht es sogleich, wenn man sie mit den Gebilden vergleicht, die bei den Tieren die Stelle der Hand einnehmen. Die menschliche Hand ist nicht Werkzeug im Sinne der tierischen Extremitäten. Werkzeugliche Vervollkommnung fehlt ihr. Im Tierreich findet man Laufwerkzeuge, Kletterwerkzeuge, Schwimmwerkzeuge, Flugwerkzeuge und so weiter, aber wenn der Mensch seine Hand gebrauchen will, um es den Tieren gleichzutun, muß er sich Werkzeuge *erfinden*. Er tut es aus einem unsichtbaren Schatz von Fähigkeiten seines Innern, von dem das merkwürdige Gebilde der Menschenhand selber eine Manifestation scheint. Ein Wesen von geringeren Fähigkeiten als der Mensch wäre mit diesem Handgebilde hilflos.

Auch in der Keimesentwicklung bleibt die menschliche Hand gegen die tierischen Extremitäten zurück, wie schon Klaatsch sah. Sie erlangt nie die vollendete Zurüstung, die leibgewordene Geschicklichkeit der Tiergliedmaßen. Sie ist nicht durchkonstruiert, wie ein Techniker sagen würde. Aber dafür ersetzt die produktive Einbildungskraft des Menschen die Mängel seiner Gliedmaßen. Er ist leiblich von der Natur im Stiche gelassen, aber es ist, als besäße er *in seinem Innern* die Urbilder sämtlicher Werkzeuge. Er bringt sie an den Tag und stellt sie her, und gerade die Hand muß ihm dabei helfen. Die fertigen Gebilde, die Werkzeuge, ergreift sie, und mit ihnen kann der Mensch ausrichten, was die Tiere in ihren beschränkten Wirkungsfeldern tun. Selbst die Mängel seiner Wahrnehmungsorgane kann er ausgleichen. – Die tierische Gliedmaße entspricht der Hand mit einem bestimmten Werkzeug zusammen.

Man kann dies anerkennen und zunächst doch glauben, für das menschliche *Haupt* gelte etwas anderes. Dieses Haupt hat ein Jahrhundert lang als gesteigertes oder fortentwickeltes Tierhaupt gegolten. Auch das war ein Irrtum. Schon Klaatsch und nach ihm Bolk zeigten, daß der menschliche Kopf, im Gegensatz zum tierischen, die embryonalen Lageverhältnisse auch nach der Geburt bewahrt. Der Mensch behält zeitlebens die merkwürdige Verknotung und Zusammenziehung der Sinnessphäre, die eng stehenden Augen, die gestutzte Nase, die zurückgehaltenen Kiefer des Fötus. Die Köpfe der Säugetiere verändern sich stark nach der Geburt, entwickeln Vorsprünge, Wülste, Knochenkämme, vorragende Schnauzen. Junge Hunde haben Mopsgesichter und bekommen erst allmählich richtige Hundeköpfe. Nur der menschliche Kopf bleibt sich ähnlich.

Hier liegt ein naturwissenschaftliches Problem verborgen, nämlich die Frage, wie die in der leiblichen Ausbildung des Menschen nicht hervortretenden werkzeugbildenden Tendenzen seiner Glieder mit der überragenden Leistung und Vielseitigkeit der menschlichen Erfindungsgabe zusammenhängen mögen.

Wie entscheidend diese Fragestellung ist, kann man daran sehen, daß auch für eine große Anzahl anderer Organsysteme und Organe des Menschen das beschriebene Stauungs-Phänomen gilt.[46]

Auch von bestimmten Verrichtungen des Menschen kann gesagt werden, daß in ihnen die leibliche Verhaltung dem Niveau des Tuns zugute kommt. Die Sprachorganisation des Menschen ist, rein als Werkzeug betrachtet, gegenüber der der Menschenaffen zurückgeblieben. Der Orang entwickelt riesige Brüllsäcke, aber diese Richtung führt vom Menschen hinweg. Beim Menschen bleiben die Sprachorgane labil und gleichsam kindlich und können gerade dadurch der menschlichen Sprache dienen. – *Leibliche Zurückstauung bedingt die Erweiterung des Bereichs seelisch-geistiger Funktionen.*

Wird diese Tatsache erkannt, so hat das für die Abstammungsvorstellung eine sehr ernste Folge: man muß dem Menschen seine Stellung an der Spitze des Tierstammbaumes nehmen. Er verdankt seinen Aufstieg nicht einer Steigerung, sondern einer Rückstauung der zum Tier führenden Bildekräfte.

Selbst für den aufrechten Gang des Menschen gilt das neue Gesetz. In ihm ist die tierische Fortbewegungsart nicht etwa gesteigert, sondern aufgehoben. In der Art, wie ein Mensch geht, drückt sich seine Persönlichkeit fast stärker als im Antlitz aus. Die leibliche Leistung der Fortbewegung des Körpers ist dabei nebensächlich, sozusagen durchsichtig geworden. Blickt man von der Gebärde des Schreitens zum Ziel des menschlichen Gehens, so erkennt man, daß dafür die körperliche Leistung überhaupt nicht mehr in Betracht kommt. Der Schwerpunkt liegt ganz auf der Tat selbst, ist sozusagen aus dem Gebiet der Gliederleistung herausgerückt. Man könnte fast formulieren, die Glieder des Menschen seien willensdurchlässig wie das Auge lichtdurchlässig.

Die zum Tier hinstrebende Bildung hat im Menschen sich umgewendet und einen neuen Weg eingeschlagen. Die im Leiblichen ersparten Kräfte drängen zu andersartiger Offenbarung. Das Tier ist deutlich auf dem Weg, seine Sinne und Glieder zu Instrumenten auszugestalten. Man kann dadurch begreifen, daß es in seinem Innern keine freien Gestaltungskräfte behält und auf seinen Schauplatz eingeschränkt bleibt. Das Stauungsphänomen wird zu einem bedeutsamen Hinweis auf das Geheimnis der Eingeschränktheit des tierischen Instinkts.

Die Betrachtung erschien bisher als rein vergleichend morphologisch. Und doch fällt von ihr aus entscheidendes Licht auf die Wesensgründe der Technik. Die Technik hängt mit der Unvollendung der menschlichen Leibeswerkzeuge zusammen. Diese Unvollendung ist nicht nur ein scheinbarer Mangel, sondern in Wirklichkeit ein Reichtum, denn nicht hat die Not den Menschen gezwungen, nach Ersatz für die Lücken seiner Organisation auszuschauen, sondern die Rückstauung der organebildenden Kräfte hat ihn mit einem unerschöpflichen Vorrat an technischen Ideen beschenkt. Er verdankt der Natur, die ihn im Stich ließ, nicht nur den Zwang, sich selber zu helfen, sondern die Anlage zu vielseitigstem Schöpfertum. Vom Werkzeug, das er von den unvollendeten Gliedern ablöst und verselbständigt, schreitet er zur Konstruktion von Maschinen fort.

Man vergegenwärtige sich diesen Schritt recht lebhaft. Ein Werkzeug ist immer noch an das organische Vorbild angelehnt. Der Hammer zum Beispiel ist eine abstrahierte Faust. (Der Stiel entspricht dem Unterarm.) Trotzdem ist das Werkzeug abgelöst und zum selbständigen Gebilde geworden, und überall, wo das Werkzeug in das verwickelte Instrument übergeht, bekommt es etwas Tierähnliches. Man beachte die Leuchtorgane der Tiefseetiere, die Fangmaske der Libellenlarve, die Scheren und Zangen der Krebse, die Periskopaugen des Anableps, die Batterien der elektrischen Fische. Offensichtlich entspricht die Ausgestaltung tierischer Werkzeuge der Richtung, in der auch die menschliche Technik arbeitet. Das Tier hat keine technischen Ideen, weil sie an ihm verwirklicht sind.

In der Maschine findet eine radikale Loslösung von den

körperlichen Möglichkeiten statt. Die Maschinen haben mit einem Organvorbild nichts mehr zu tun. Ein radikales Beispiel möge dies verdeutlichen. Man kann die menschlichen Beine als zwei Hebel ansehen, die beim Gehen wechselweise auf den Boden gestemmt werden. Vom technischen Standpunkt aus ist diese Lösung des Fortbewegungsproblems sehr unvollkommen, ja unmöglich. Ein Techniker würde nie darauf verfallen, eine Last dadurch fortzuschieben, daß er sie von einer Stütze auf die andere kippen ließe und sie immer von neuem durch Untersetzen von Stützen auffinge. Wenn der Mensch an die Aufgabe der Fortbewegung einer Last tritt, dann nimmt er ein Gebilde zu Hilfe, das die Natur nicht kennt, und das gleichsam der Inbegriff der immer von neuem untergesetzten Stützen ist. Es ist ein Gebilde, in dem gewissermaßen unendlich viele Beinachsen als Radien stehen und unendlich viele Fußsohlen verschmolzen sind: das Rad. An diesem Beispiel zeigt sich deutlich, wie der Mensch die natürliche Bildung mit einem entscheidenden Schritt übertrumpft. Das Rad liegt jenseits der Bildefähigkeiten der Natur. Es taucht als technische Idee auf, und zwar außerordentlich früh in der Geschichte. Es wird mit seinen Abkömmlingen bis hin zur Schraube und dem Propeller das wesentlichste Maschinenelement.

So hebt der Mensch die der tierischen Bildung versagten Gestaltungen aus seinem Innern ans Licht. Man könnte sagen: weil er äußerlich der Tierbildung sich entraten hat, ist er zum Erfinder geworden. Wiederum nicht aus Not, sondern aus innerem Reichtum. Die neuen Gebilde stellt der Mensch gewissermaßen jenseits des Tierreichs, über dieses hinausgreifend, hin. Es entsteht das «Vierte Reich», wie Dessauer es in seiner «Philosophie der Technik» genannt hat.

Nebenbei: dieser Vorgang beweist, daß menschliche Erkenntnis nicht aus Sinneserfahrung entsteht. Wäre das menschliche Erkennen nur auf sie angewiesen, so hätte die einfachste Maschine, das Rad, nicht entstehen können. Die Existenz der Maschine ist der indirekte Beweis für die Fähigkeit sinnlichkeitsfreien Denkens. Und die Paradoxie der Geschichte wollte es, daß im Schaffen dieses Beweismittels eben das Zeitalter sich besonders auszeichnete, das die zugrundeliegende Fähigkeit übersah oder leugnete. Man bestritt im neunzehnten Jahrhundert theoretisch die menschliche Gabe exakter leibfreier Phantasie, aber man betätigte sie praktisch.

Ältere Zeiten stellten den Menschen in die Mitte eines Kreises von Tieren. Will man dieses Bild zeitgemäß vervollständigen, so muß man die menschlichen Instrumente und Maschinen in einem ähnlichen Kreis um den Menschen anordnen, nur in noch weiterem Abstand von ihm. Die Tierbildung liegt zwischen Mensch und Maschine. Die Maschinen sind sichtbare Zeugen dessen, was dem Menscheninnern an Kräften zugewachsen ist. Eine wahre Philosophie der Technik muß zugleich Meta-Morphologie und – Freiheitslehre sein.

*

Die Abstammung des Menschen war das Problem des neunzehnten Jahrhunderts. Die Abstammung der Maschine vom Menschen ist das des zwanzigsten.

Daß die Frage nach Herkunft und Sinn der Maschine unerhört aktuell ist, sieht man an der Rolle, die sie in den jetzigen öffentlichen Auseinandersetzungen spielt. Während die vor einem Jahrzehnt erschienene «Philosophie der Technik» von Dessauer fast unbeachtet blieb, hat die Broschüre Oswald Spenglers «Der Mensch und die Technik» weite Kreise erreicht. Die vorangegangenen Ableitungen drängen zur Auseinandersetzung mit Spengler; denn auch er knüpft an den Zusammenhang zwischen Hand und Werkzeug an.

Spengler geht von der Idee aus, die von der Morphologie eigentlich schon überwunden ist: daß der Mensch ein gesteigertes Tier sei. Er kennt die Stauungsphänomene nicht und kommt daher nicht auf die wahre Stellung des Menschen zum Tier. Die Eigenschaften des Tieres sind für ihn beim Übergang zum Menschen nicht im Wesen verwandelt, sondern nur sublimiert. Der Weg vom Tier zum Menschen ist für ihn nicht Transsubstantiation, sondern Raffinierung.

Da Spengler seine Darstellungen in schlagenden und volltönigen Formulierungen bringt, täuscht er über den falschen Ansatz hinweg. Er nimmt Nietzsches Halbrichtigkeit, daß der

Mensch eine Art Raubtier sei, wieder auf und verschiebt den Gesichtspunkt völlig, indem er behauptet, der Mensch habe die Technik zu dem Zweck erfunden, sein Herrschaftsgebiet zu erweitern.

Im Lichte dessen, was oben betrachtet wurde, ist hier die Abweichung von der Wirklichkeit ganz deutlich. Um die angebliche Kontinuität der menschlichen Technisierung mit dem Verhalten des Raubtieres zu beweisen, muß Spengler den Begriff des Technischen außerordentlich erweitern, und so nennt er in ganz willkürlicher Umprägung Technik «jedes Verfahren im Lebenskampf». Das Verfahren des Löwen mit der Gazelle ist ihm der Urfall der Technik überhaupt. Es ist kein Wunder, wenn er bei solcher Begriffserweiterung das Wesen der menschlichen Technik ganz aus dem Auge verliert. Dabei ist sich Spengler an einer anderen Stelle durchaus über die Kluft klar, die die menschliche Technik von den Gattungsinstinkten der Tiere trennt. Er selbst hebt hervor, daß die menschliche Technik individualisiert sei und aus dem Zwang der Gattung heraustrete, und fährt dann fort: «Man muß lange nachdenken, um das Ungeheure dieser Tatsache zu begreifen: Die Technik im Leben des Menschen ist bewußt, willkürlich, persönlich, erfinderisch.» Woher angesichts solcher Kluft die Berechtigung kommen soll, das tierische Tun Technik zu nennen, bleibt unerfindlich.

Diese Verwischung der offenbaren Tatbestände ist nicht etwa eine terminologische Angelegenheit. Die würde uns gleichgültig lassen. Aber sie hat eine sehr ernste Folge. Wer die Meinung vertritt, daß in der menschlichen Technik «die Idee des menschlichen Raubtieres zu Ende gedacht sei», sieht am Wesen des Menschen vorbei. Gerade dieses Wesen des Menschen tritt in der von uns gegebenen Aufreihung der Phänomene Mensch – Tier – Maschine hervor. Das menschliche Wesen manifestiert sich in der Schaffung abgesonderter Werkzeuge, die nicht nur ihrem Erfinder und Hersteller, sondern auch jedem anderen Menschen dienen können. Die Maschine hat mit der unmittelbaren Befriedigung animalischer Bedürfnisse gar nichts mehr zu tun. Sie hat durchaus das Gepräge dessen, der sie verwendet. An und für sich ist nichts Feindlich-

Dämonisches in ihr. Mit Gut und Böse hat sie noch nichts zu tun. Die Technik hält ihre Mittel für den Einsatz des Menschlichen offen.

Spengler möchte in das Wesen der Maschine etwas Dämonisches legen. Man sollte sich hier Nüchternheit auferlegen. Die Dämonie, in der die Maschine heutzutage eine große Rolle spielt, hängt gar nicht mit der Maschine zusammen. Der Techniker hat es nur mit seiner Aufgabe zu tun. Er löst sie und stellt das Gefundene zur Verfügung. Seine Lösung ist praktisch oder unpraktisch, aber nie gut oder böse. Technik ist lediglich ins Willenshafte gewendete Natureinsicht. Sie hat mit Moralität oder Boshaftigkeit nichts zu tun. Wenn der Mensch baut, Wasser leitet, Luft zu- und abführt, Wärme zuleitet oder entzieht, ist er keineswegs Raubtier. Er plündert die Natur nicht, noch mißbraucht er ihre Kräfte, sondern er erhöht sie. Die Maschine ist ebensowenig eine verfeinerte Waffe, wie die Hand eine verfeinerte Löwenpranke ist. Beide, Maschine und Hand, sind ganz zweckoffen, ganz sachlich, bereit, einem erst zu setzenden Ziel zu dienen. Sie sind ambivalent, warten auf den Zugriff. Fragt sich nur, wessen?

*

Dies ist unser Hauptvorwurf gegen Spengler, daß er das Problem Mensch und Technik nicht nüchtern auffaßt. Man versteht wohl, daß er sich vom Fortschrittsoptimismus der Zivilisationsphilister abwandte; aber er flüchtet in die entgegengesetzte Position, in das Untergangspathos. Beide, der Zivilisationsphilister und der Untergangsprophet stehen der Maschinenwelt nicht sachlich gegenüber, sondern subjektiv, jener naiv-töricht, die Gefahr nicht ahnend, dieser an einer Stelle dämonische Tiefe suchend, wo sie nicht ist.

Man müßte die Geschichte der letzten Jahrhunderte als Geschichte des Bewußtseins studieren. Dann wird sichtbar, was der Mensch dem Zeitalter verdankt. Die letzten fünf Jahrhunderte haben den Menschen am Problem der Außenwelt aufgeweckt. Mittelalterlichen Geistbindungen enthoben, steht er einer zunächst unerklärlichen Umgebung gegenüber und muß an ihr selbständige Begriffe entwickeln. Er tut es in der

Naturwissenschaft. Ihre Anwendung ist die Technik. Der Maschine gegenüber muß sich jede Natureinsicht verantworten. War die Einsicht ein Irrtum, so geht die Maschine in Stücke. Man sieht ohne weiteres, was der Mensch an der Technik lernen kann: «*Welche Ansprüche er an die Überschaubarkeit und Nachprüfbarkeit einer Erkenntnis stellen muß*» (Rudolf Steiner).[47] Das Maschinenzeitalter lehrte uns die Kriterien der Wahrheit. Wir verlangen von jeder Erkenntnis fortan Einsichtigkeit des Zusammenhangs und die drucklose, aber unwiderstehliche Beweiskraft sachlicher Bewährung. Was an der Maschinenwelt gelernt wurde, gilt es, auch auf künftigen, neuen Erkenntnisgebieten zu bewahren. Die Bewußtseinswachheit, die einem technischen Problem gegenüber nötig ist, darf auch da nicht vergessen werden, wo es sich um größere Lebenszusammenhänge handelt. Wir brauchen der lebendigen Welt gegenüber Begriffe, die wir zwar der Maschinenwelt nicht entnehmen, deren nüchterne Fassung wir aber an der Maschinenwelt gelernt haben.

Es ist bezeichnend, daß gerade hierin Spengler fehlt. Wo er vom Schicksal des technischen Zeitalters spricht, gerät er ins Mythologische. Seine Formulierungen sind überspitzt, selbstgefällig und ganz gewiß nicht ohne literarischen Ehrgeiz geschrieben. Hier aber, dem technischen Problem gegenüber, ziemt Nüchternheit, selbst auf die Gefahr hin, zu weniger sensationellen Gedanken zu kommen:

Das Übel, das die Maschine anrichtet, entstammt nicht ihr, sondern dem Menschen, der sie nicht mehr lenken kann. Die scheinbare Dämonie liegt am Versagen des Menschen, aber sie ist nicht größer als die eines Autos, das durch die Ungeschicklichkeit seines Lenkers Schaden anrichtet. Zwar sind die Folgen größer. Aber am Anfang steht Ungeschick oder Mißgeschick.

Man muß hier nüchtern bleiben. Soll die Menschheit vor ihrem eigenen Werk, das ihr gespenstisch vorkommt, die Flucht ergreifen? Wer von einer in der Maschinenwelt gleichsam inkarnierten widermenschlichen Macht spricht, tut etwas Gefährliches: er weicht vor der Maschine zurück, und so wird sein Irrtum Wahrheit. *Denn jeder Schritt, den wir vor der Maschine zurückweichen, verleiht ihr die Dämonie, die sie an und für sich nicht hatte.* Sogleich rückt sie nach und gibt keinen Fußbreit des gewonnenen Geländes wieder her. Die Untergangsprophezeiung wird wahr, sobald der Mensch an sie glaubt.

Aber noch steht alles in der Hand des Menschen. Nur muß er der Tatsache ins Auge blicken, die wir oben die *Ambivalenz der Technik* nannten. Viele der neueren Erfindungen zeigen sie, am deutlichsten die letzten Entwicklungsphasen der Chemie. Sprengstoff und Düngemittel, tödliche Gase und Heilmittel liegen in unmittelbarer Nachbarschaft. Eine geringe Abänderung in den Herstellungsbedingungen, der telefonische Befehl einer nächtlichen Stunde genügt, um «umzustellen». Hier darf nichts verschleiert werden. Höchste Geistesgegenwart ist hier am Platze. Niemand kann dem Menschen der Gegenwart die Verantwortung abnehmen.

*

Wer in traumhaften Dithyramben vom Schicksal der Maschinenzeit spricht, gefällt sich im Untergangspathos. Spengler hat uns etwas Neues gelehrt, was wir nicht ahnten: daß auch in der Geste des Apokalyptikers noch Koketterie stecken kann.

Wer so in die Welt blickt wie er, kann den Menschen nicht finden. Zum Traumbild des Untergangs gehört notwendig das Zerrbild des Menschen. Wo immer Spengler vom Menschen spricht, ist sein Blick getrübt. Das Grauen, das er im Anblick der zunehmenden Technisierung empfindet, kompensiert er, indem er das Menschenbild ins Brutale verzerrt. Wo er Nietzsches Bild vom menschlichen Raubtier verwendet, tut er es in einem Ton, der uns stutzig macht. So spricht nicht der Forscher, so spricht nicht der Mensch. Man spürt den Druck des Polemisierungsgelüstes.

Wie Spengler den freien Blick verliert, sieht man an vielen Stellen. Manchmal ist es grotesk. Da zieht er zum Beispiel Äußerungen großer Menschen heran, um die Bestie im Menschen zu bestätigen. Aber es sind solche Äußerungen, die diesen Menschen «gelegentlich entschlüpft» sind. Wir erlauben uns den trivialen Einwand, daß man besser täte, sich an die Aussprüche zu halten, die bei vollem Bewußtsein, auf der Höhe der Geistesgegenwart getan sind. Erregte Zeugen sind immer unzuverlässig. Es gehört der geradezu pathologisch gewordene Argwohn des von der Psychoanalyse verseuchten Intellekts dazu, um zu meinen, daß die Wahrheit zu entschlüpfen pflege.

An anderer Stelle bringt es Spengler sogar fertig, das Erlebnis des Kolumbus, als am Horizont das Land erschien, und das Gefühl Moltkes bei Sedan, als sein Sieg sich vollendete, mit dem Triumphgefühl des Raubtieres zu vergleichen, «das die zuckende Beute unter den Klauen hält». Wir wollen Spengler nicht durch einen Widerlegungsversuch mißverstehen. Wir nehmen an: die Stelle klang ihm zu gut, und er vergaß, sie im Manuskript zu tilgen. Auch der Untergangspegasus kann sich – vergaloppieren.

*

Das Problem Mensch – Technik ist nur gemeinsam mit dem Problem Mensch – Tier zu lösen. Menschwerdung und Schaffung der Maschine sind Gegenbilder.

Bei Spengler ist die Menschwerdung ein unverständliches Wunder aus dem Irgendwo. Der Ausdruck Mutation, den er dafür verwenden will, kann es nicht verdecken. (Mutation nennt man in der Biologie das plötzliche Auftauchen oder Ausfallen eines Merkmals.)

Spengler erkennt selbst an, daß es sich um eine ganz konsequente, in zwei gewaltigen Phasen erfolgende äußere und innere Umwandlung handelt. Es ist eine «innere Wandlung, die plötzlich alle Exemplare einer Gattung ergreift, ohne Ursache selbstverständlich, wie alles in Wirklichkeit», sagt er selbst. Braucht man denn hier eine gesonderte Ursache? Ist nicht der werdende Mensch selbst schon der zureichende Grund der «Menschwerdung»? Ist hier nicht die Realität eines in die Manifestation drängenden Geistesbildes offenbar?

In jedem Merkmal des Menschen offenbart sich dieser Manifestationsdrang; am stärksten in der menschlichen Hand, von der wir ausgingen. Spengler mißdeutet sie, indem er sie der Pranke des Löwen an die Seite stellt. Aber sie ist ganz universell, weil sie durchaus untierisch ist. Sie kann nicht nur zerreißen oder Beute ergreifen und heranziehen, sondern auch – die

Hand eines anderen Menschen ergreifen. Ob Spengler niemals daran gedacht hat?

Er hat es gewiß, aber das Brutalisieren des Menschen ist bequemer und schmeichelhafter. Die schönen Phrasen von dem «Rudel der Begabten», die von den Viel-zu-Vielen gehaßt werden, klingen besser. Das Salonraubtier mit dem schwermütigen Blick nickt befriedigt. Löwentum ist Ehrensache. Wer möchte da noch Schaf sein?

Und doch ist ein Korn Wahrheit in dem Wortschwall über den Löwen im Menschen, nur darf es nicht primitiv-animalisch oder raffiniert-intellektuell, sondern als geistig-sittliche Tatsache angesehen werden. Ältere Zeiten wußten es. Sie sprachen von der «mutartigen Seele» im Menschen. Rudolf Steiner spricht einmal davon, daß eine der köstlichsten Gaben im heranwachsenden Menschen der *edle Zorn* sei, der Vorbote seiner künftigen Reife. Er spricht von dem Zorn, der sich im Knaben beim Anblick einer Ungerechtigkeit regt, und nannte dies ein wundervolles seelisches Kapital, aus dem die besten Kräfte des Erwachsenen entstehen können: Edelmut, Gerechtigkeit und – Güte. Aber der Zorn, der innere Löwe muß eben *umgewandelt* werden.[48] Wird er unverwandelt in das spätere Alter hineingetragen, so entsteht nur der unedle Zorn, der Ärger, die Wut. Man sieht: das Problem des Löwen im Menschen ist da, aber es weist in die Richtung, die Spengler nicht sieht, es weist auf das Wesen des Menschen, das sich in der Wandlung des Innern verwirklicht.

Gehört heute mehr Mut dazu, den brutalisierten Instinkten durch Erhöhung eines Tiermenschen zu schmeicheln, oder dazu, für das Bild des wirklichen Menschen sich einzusetzen; des Menschen, der erst erscheinen kann, wenn das Tierische transsubstantiiert ist?

Die Gegenwart stellt ungeheure Anforderungen an das wache Bewußtsein und die geistige Verantwortung. Die Menschwerdung ist kein von außen kommendes Wunder. Sie wiederholt sich im Leben jedes einzelnen an der gleichen Stelle, an welcher sie stammesmäßig vor Zeiten auftrat. Es ist die Stelle, wo – am Ende aller Stauungen, nach Überwindung alles Zögerns, im Durchbruch durch alle Hemmnisse, der

Mensch auftritt. Keiner, der nicht an diese Stelle kommt, verdient den Namen. Hier ist das Wesen, das die Maschinenwelt in Schach halten kann, ja, dessen sie bedarf. Hier ist auch ein wirkliches Ziel, das nicht zugleich Endpunkt ist, wie Spengler fürchtet. Von jeder Etappe der Verwirklichung des Menschlichen ergeben sich unerwartete und unermeßliche Ausblicke. Jeder neu erreichte Punkt in der Verwirklichung des Menschen ermöglicht nie geahnte Steigerungen. Hier und nirgends sonst ist das wirklich Unendliche.

Pflanze, Tier, Mensch – Metamorphose und Wiederverkörperung

Wenn Rudolf Steiner über Goethe sprach, dann ließ er die Schilderung nicht bei dessen Tod enden, sondern behandelte seine Gestalt als im Wachstum befindlich auch über den irdischen Tod hinaus. Sprach er von der Geistesart Goethes, so war es ihm unmöglich, sie als etwas innerhalb der Erdengrenzen ein für allemal Abgeschlossenes darzustellen; wie selbstverständlich wuchs diese Schilderung hinein in die Beschreibung dessen, was von dieser Geistesart bis zur Gegenwart weiterwirkt. Wenn also ein Naturforscher, der Schüler Rudolf Steiners geworden ist, sich die Aufgabe setzt, über eine Idee Goethes zu sprechen, wird er nicht haltmachen können bei der Art, wie diese Idee innerhalb des Erdenlebens Goethes sich ausgewirkt hat, sondern er wird bedenken müssen, daß sie ihre schönsten Blüten und Früchte erst in Zukunft entfalten soll.

In besonderem Maße ist das der Fall mit der *Metamorphosenidee*.[49] Goethe hat sie selbst als einen Samen bezeichnet, aus dem – wie er sagt – der Baum der Pflanzenkunde in Zukunft «leicht und fröhlich sich entwickeln könne». Die Gestalt, die Goethe dieser Metamorphosenidee gegeben hat, müssen wir verbunden denken mit dem Gesamtschicksal jener Individualität, die zwischen Geburt und Tod den Namen Goethe trug. Nun hängt das Schicksal jener Entelechie «Goethe» zusammen mit dem Wachstum seiner Idee, hängt ab von der Gestalt, die diese Idee in Zukunft haben wird. Die gesamte Naturwissenschaft der Gegenwart trägt mit an dem Schicksal dieser Metamorphosenidee. Ob dieser Same in den rechten Grund gepflanzt wird, das hängt von der heutigen Naturwissenschaft ab.

Lassen Sie uns ausgehen von einer Betrachtung des Gesetzes der Metamorphose selbst, wie es von Goethe beschrieben wurde. Der Naturforscher, der denkende Mensch überhaupt, wird sich veranlaßt sehen, indem er der Schilderung Goethes von der Metamorphose der Pflanze folgt, selber innere Beweglichkeit zu bekommen, sich hineinzufügen in jene mannigfaltigen Gestaltungen, Wendungen und Worte, die Goethe selbst brauchte. Wenn Sie das kleine Werk «Die Metamorphose der Pflanzen» lesen, werden Sie nicht dabei verharren können, eine ruhende, endgültige Vorstellung von dem auszubilden, was da Metamorphose genannt wird. Sie werden selber jener Mannigfaltigkeit folgen müssen, von der die Rede ist. Es ist etwas anderes, wenn man von den leblosen Naturdingen spricht: Mineralien, Steinen, Kristallen. Um das Gesetz des Kristalls zu erfassen, genügt es, die mathematische Gesetzmäßigkeit, die zwischen Kanten, Ecken und Flächen waltet, zu erkennen. Ein in sich ruhender Gedanke wird versuchen, die ruhende Form abzubilden. Im Anblick einer Pflanze hingegen werden Sie nicht in dieser ruhigen Haltung verbleiben können. Äußerlich werden Sie Ihre Haltung natürlich bewahren; innerlich werden Sie *in der Zeit* vorwärts und rückwärts schreiten müssen. Deshalb finden Sie in der «Metamorphose der Pflanzen» im Eingang den merkwürdigen Satz: «Vorwärts und rückwärts ist die Pflanze nur Blatt.» Dieser Satz erscheint sinnlos, wenn Sie nicht diese Bewegung mitzumachen suchen. Sie werden sich im Innern zu vergegenwärtigen haben, wie die Pflanze sproßt, wie sie mit dem Samen die Erdkruste sprengt und die ersten Keimblätter entfaltet. Sie werden mitgehen müssen mit der Gestalt der Blätter, die als zweites Paar hervortauchen und sich von den Keimblättern durch zartere Gestaltung unterscheiden. Sie werden mitgehen durch die mannigfaltigen und doch ähnlichen Gestaltungen, die die Blätter an dem weitersprossenden Stengel annehmen. Sie werden beobachten müssen, wie, je mehr die Pflanze der Blüte zueilt, desto feiner die Ausgestaltung des Blattes wird, und wie die Form der Blätter an dem Punkt, wo die Blüte auftritt, in dem Kelchkranz zusammengezogen wird. Von da werden Sie den Sprung machen müssen zur Gestalt der Blütenblätter und wieder den Sprung zur Gestaltung der Staub- und Fruchtblätter. Sie werden den ganzen Werdeprozeß mitmachen müssen, der nicht nur ein Herausstellen von Form auf

Form ist, sondern auch eine Folge von Narben. Sie werden nicht bei dem verharren dürfen, was den Augen sichtbar ist, sondern hinzudenken müssen, daß mit dem Formwandel die Verfeinerung der Säfte einhergeht; hinzudenken müssen, daß, je mehr die Pflanze der Blütenregion sich nähert, desto mehr Licht und Wärme hereinflutet, daß die Farbe die Blüte anhaucht und daß sie sich zuletzt in Duft versprüht. Das ist noch nicht genug. Sie werden sich diese aus dem Samen entstandene Pflanzengestalt versetzt zu denken haben an einen anderen Ort, in ein anderes Land, und Sie werden sinnen, wie die Pflanze dort geworden wäre, wie sie in einer anderen klimatischen oder Höhenlage ausgesehen hätte.

Aus dem inneren Gewahrwerden aller *möglichen* Formen werden Sie das festzuhalten suchen, was gerade das Bestreben hat, der innerlichen Schau zu entschlüpfen. Sie werden ein Erlebnis haben, das nicht mehr sinnlich ist, werden sich bestreben müssen, vor sich zu haben, daß da ein «gestaltgebendes Etwas» den Beschauer neckt, ihm entschlüpfen will, Gefallen daran findet, sich in dieser oder jener Form zu verbergen. *Es kommt darauf an, diesem so standzuhalten, daß es nicht entschlüpft*. Dann wird sich zeigen, ob man auf dem rechten Weg ist, das zu erkennen, was Goethe meint mit «der Form, mit der die Natur gleichsam immer nur spielt und spielend das Mannigfaltige hervorbringt».

Es ist kein Weggehen von der sichtbaren Form, sondern ein innerliches Mitgehen; kein Verachten des sichtbaren Anschauens, sondern ein Kampf, in dem Sie versuchen, in einem immer stärkeren Sichhingeben dem Sinnenschein abzuringen, was sich verbergen will, aber dem Geist gegenüber sich auf die Dauer nicht verbergen kann. Goethe hat dieses Erlebnis nicht immer in der Form eines beschaulichen Betrachtens gehabt. Oft ist es für ihn ein Kampf gewesen. Man darf nicht immer nur die Nuance des beschaulichen Hinblickens hineinlegen, man muß hinzunehmen, daß ein innerer Kampf nebenher geht, von dem manche Stelle in Goethes Werken kündet; ein Kampf, der manchmal an den Rand des Verzichts führte. Man kann hineinblicken in diesen Kampf, wenn man eine Stelle in einem Brief an Schiller liest. Da schreibt Goehte die merkwürdigen Worte: «Seit Sie weg sind, hat mich der Engel der Empirie andauernd mit Fäusten geschlagen. Ich habe aber, ihm zu Trutz und Scham, ein Schema aufgestellt.» Dieser Kampf ist etwas, was man sehr ernst nehmen muß. Ohne diesen ist ein Folgen auf der Forscherspur Goethes nicht möglich. Es ist ein *Kampf mit dem Engel der Empirie*, kein bequemes Nachgehen.

*

Lassen Sie uns von einigen Ergebnissen solchen Ringens berichten. Wenn man jener Bildung folgt, die von den Keimblättern aufwärts bis zu den Kelch-, Kronen-, Staub- und Fruchtblättern sich abspielt, sieht man vor sich, was Goethe als *eine geistige Leiter* beschreibt. Und man bemerkt, daß es zum Wesen des Pflanzlichen gehören muß, daß etwas von dieser geistigen Leiter im Sichtbaren *stehen bleibt*. Wenn auch die Keimblätter abfallen, etwas von der Stufenleiter der alt gewordenen Blätter zu den jüngeren bleibt. Die ersten Blätter stehen gewöhnlich noch, wenn die Blüte schon da ist. Was in der Zeit sich entfaltet hat, hat man im Raum noch als Abbild beieinander. Die Aufeinanderfolge der Zustände, um deren Zusammenfassung man ringt, bleibt räumlich sichtbar. Das ist das Schöne, könnte man sagen, an dem Pflanzenkundetreiben, daß man die Richtigkeit dessen, was man geistig erarbeitet hat, noch in dieser und jener Pflanze im Sichtbaren aufgezeichnet findet und überprüfen kann.

Das wird ganz anders, wenn man die *Metamorphose des Tieres* betrachtet. Nehmen Sie jenen besonders markanten Fall, von dem das Wort Metamorphose gewöhnlich gebraucht wird, den Gestaltenwandel im Reich der Insekten. Da schlüpft aus dem Ei zunächst die Raupe, eine einfache, wenig gegliederte, mit wenigen Organen ausgerüstete Gestalt. Aber im Innern müssen sich mächtige Organumwälzungen vollziehen, denn eines Tages, wie im plötzlichen Entschluß, geht sie über in die Puppe. Sie hört auf, Nahrung zu sich zu nehmen, verkürzt sich, verdickt sich am Vorderende, spinnt sich fest, und endlich windet sich die Puppengestalt heraus und bleibt in ihrem Sarge liegen. Es ist von der früheren Gestalt nichts mehr übrig als die letzte geschrumpfte Haut der Raupe. Wären wir nicht der geistigen Leiter gefolgt, könnten wir die vorletzte Sprosse nicht mehr stehen sehen. Im Rückwärtsblicken verlieren wir das Räumliche aus den Augen. Wir müssen die Gestalt der Raupe, die verschwunden ist, zusammenbringen mit der sichtbaren Gestalt der Puppe.

Diese Wandlung steigert sich, wenn der Schmetterling ausschlüpft. Gewiß gibt es einige dem Kenner vertraute Merkmale an der Puppe, die auf die künftigen Organe des Schmetterlings deuten. Er kann sehen, ob der künftige Schmetterling männlich oder weiblich sein wird, wie seine Fühler gestaltet sein werden. Manchmal schimmert auch durch die Puppenhülle die künftige Zeichnung der Flügel. Und doch ist das Hervorbrechen des Schmetterlings ein unvergleichlicher Anblick, ein ungeheurer Sprung, das Herausquellen eines völlig Neuen. Wenn der frisch geschlüpfte Falter eine Zeitlang hängt – er kriecht ja einige Fingerbreit an irgendeinem Gegenstand empor –, dann reckt er die Flügel, und in einigen Minuten ist das Wunder erfüllt: er hat durch Hereinsaugen der Luft – von der er in der Puppe fast gänzlich abgeschlossen war – das Wunder der Ausbreitung seiner Flügel vollbracht. Nun ist die künftige Form da, die künftige Farbe und Zeichnung sichtbar, und von der Puppenhülle ist nur noch ein ausgedörrter Rest übrig. Wenn man die Wandlung nicht beobachtet hätte, würde man kaum von diesem luftigen, leichten Gebilde an jene abgestorbene Gestalt zurückdenken können. Die vorige Stufe der geistigen Leiter ist gleichsam abgebrochen.

Wir müssen innerlich mitgehen mit dieser Metamorphose, weil wir im Übergang vom Ei zur Raupe, von der Raupe zur Puppe und von der Puppe zum Schmetterling ganz und gar der Stützen des räumlichen Anschauens entbehren. Wir müssen uns dem Strom dieser sich wandelnden und ablösenden Formen anvertrauen. Es ist nichts mehr leiblich sichtbar von jener geistigen Leiter, über welche die Gestalt zum fertigen Schmetterling hingeschritten ist. *So hebt in der Tiermetamorphose jeder folgende Zustand den vorhergehenden auf*, nimmt die Kräfte, die da gewaltet haben, in sich hinein. Im Organischen stellt es sich so dar, daß die Luft, jenes viel beweglichere, weniger faßbare Element, in den Körper wirklich hineingenommen wird und ihn lebhaft durchpulst. Die Raupe hat zwar auch Atemlöcher;

Sie finden die winzig kleinen Tracheenbäumchen im Innern an den Stigmen stehen; die Luft verliert sich bald in den kurzen Verästelungen dieses Bäumchens. Im Schmetterling braust die Luft in mächtigen Strahlen ins Innere, hebt das Feuchte auf, trocknet das Tier aus, stößt vor bis in den Kopf, macht das ganze Gebilde zu einem Abbild des hereingebrochenen Luftelements. In dem Maße, wie man dies einsieht, sieht man im Aufblühen der Farben und Zeichnung beim Schmetterling etwas ganz anderes als bei der Blüte. Bei der Blüte ist die Farbe nur angehaucht. Beim Tier bricht die Farbe *von innen* hervor; sie durchfärbt sogar Teile der inneren Organisation: sie erzeugt die leuchtend gelbe oder purpurrote Farbe mancher inneren Organe. Und auf den Flügeln versprüht diese Farbe, die von innen gekommen ist.

Wenn man versucht hat, sich Goethes innere Haltung diesen Erscheinungen gegenüber zu eigen zu machen, wenn man versucht hat, die Eigenheit dieses Vorgangs abzuheben von der Metamorphose der Pflanze, wenn man von diesem neuen Gegenstand der Betrachtung «sich ein neues Organ aufschließen» läßt, dann spürt man als beobachtender Naturforscher, daß da ein *anderes* Wirkendes an den Tag tritt als in der Pflanze, etwas, das nicht im bloßen Formenwandel verfolgt werden kann. Man erlebt, daß eine gewisse innere Beweglichkeit, ein gewisses *Mehr an Mut nötig ist, um diesen «Hiatus» zu überspringen*, um diese Sprünge im Gestaltenwandel der Insekten zu erfassen, deren Kontinuität im Räumlichen immer mehr abreißt. Es gilt gleichsam, bei dem Sprung von einem Formengebilde zum anderen «den Atem anzuhalten», um hinüberzukommen. Für den Erkennenden ist für das, was ihm hier gegenübertritt, *eine ganz andere Art von Erkenntnisakt* nötig: zu der äußeren plastischen Tätigkeit tritt etwas, was in der vielfarbigen Empfindung des Tieres sich widerspiegelt. Es öffnen sich viele neue Wege, die gegangen werden können. Das Tiergebilde verbreitet sich in die allermannigfaltigsten Richtungen. Da genügt nicht ein plastisches Umgestalten, um mitzukommen.

Der Naturforscher, der solches unternimmt, fühlt sich in geistiger Kontinuität mit dem, was im Mittelalter auf ganz anderem Weg gesucht wurde und was sich in der «Faust»-

Szene wiederfindet, wo davon gesprochen wird, daß Faust das Zeichen des Makrokosmos beschaut. Der Naturforscher beschaut nicht mehr solche alten Siegel. Für ihn ist die Form im lebendigen Wandel das Siegel, die Form der Pflanze ein anderes als die des Tieres. Er kommt dann, wenn er ein Schüler Rudolf Steiners wird und sich mit dessen Werken über Goethes Naturanschauung und Geistesart befaßt[50], dazu, Ernst zu machen mit diesem «Beschauen immer neuer Gegenstände». Er versteht dann, warum Rudolf Steiner der heutigen Naturforschung die Aufgabe gesetzt hat, überall aufzuspüren, wo die entscheidenden Schritte geschehen, und *dort, wo ein Abgrund übersprungen werden muß, doch die Kraft zu behalten*, sich auf der andern Seite wiederzufinden, umgewandelt und doch als dasselbe Wesen sich wiederzufinden. Das ist die Aufgabe, die Rudolf Steiner unter vielen anderen den Biologen gestellt hat: daß sie brechen sollten mit den alten Bemühungen, die da Zwischenstufen aufsuchen, und wo sie keine finden, sie ausdenken. Sondern es gilt für den Naturforscher gerade, bemüht zu sein, *wo etwas abbricht*, mit doppelter Aufmerksamkeit den Erkenntnisakt zu vollziehen. «Diskontinuitätspunkte müssen wir aufsuchen statt der missing links»[51], sagte er. Wir müssen die Sprünge und Abgründe gewahr werden und uns mit aller Kraft hinüberversetzen. Dann bricht in diesen «Hiatus», diese innerlich entstehende Leere, die Erkenntnis herein, so wie das Licht in das Auge. Ein Naturforscher, der so vorgeht, beginnt zu verstehen, daß der, der solch neues Bewußtsein gegenüber den Erscheinungen der Natur entwickelt hat und über solche Abgründe hinüberspringen kann, auch einen Ausdruck prägen muß, eine konkrete Bezeichnung für das, was in der Pflanze wirkt, und einen andern Ausdruck für das, was in das Tier hereinbricht. Er versteht, warum gesprochen werden muß von dem *Ätherleib*, der die Pflanze durchkraftet, in ihr Gestalt auf Gestalt zeugt – und daß beim Tier etwas hinzukommt als neues Wirkendes in einem *Astral- oder Empfindungsleib*, dessen äußere Spur und Merkzeichen die hereingeatmete Luft ist.

Er wird dann fortschreitend sich dazu hinfinden können, daß der schwerste Sprung, das für das Bewußtsein schwierigste Sichheben über den Abgrund nötig ist *zwischen Mensch und*

Tier. Sobald er nicht Zwischenglieder aufsuchen will, sondern im Anschauen des Abgrundes gleichsam den Atem anhält, spürt er, daß im Übergang vom Tier zum Menschen der gewaltigste Satz über den Abgrund gewagt werden muß.

Damit fängt er an, das, was am Menschen leiblich sich offenbart, mit anderen Augen zu erblicken. «Der Kampf mit dem Engel der Empirie» beginnt auf neuem Boden. Der Forscher beginnt zu studieren, wie die *Metamorphose beim Menschenwesen* sich in durchaus anderer Art vollzieht, und daß die Vorschulung, die er genossen hat, indem er die Gestalt des Tieres studierte, nicht unmittelbar hinüberführt über diesen Abgrund. Er wird erkennen müssen, daß eine weitere Schulung stattfinden muß. Er wir in neuer Richtung auf den Menschen blicken müssen, um zu erfassen, was das Menschenwesen im Unterschied vom Tier ist. Nicht Beweglichkeit der Glieder, nicht Hervorbrechen der Farbe von innen ist das Neue; beides finden wir auch beim Tier. Auf dem neuen Offenbarungsfeld beim Menschen wird er etwas suchen müssen, was beim Tier nicht in Betracht kommt. Er wird hinblicken müssen auf die grundlegende Entdeckung Rudolf Steiners: auf die *Urkunde des Lebensganges.* Das ist ein neues Anschauen, ein ungewohntes in einer Zeit, in der man nicht nur in der Schule aufgefordert wird, die Lebensgeschichte einer Schreibfeder zu schreiben – was man gewiß kann –, sondern in der zum Beispiel ein Buch erschienen ist, «Das Leben der Autos», worin allen Ernstes die maschinelle Zusammensetzung eines Autos mit dem Lebensgang eines Menschen in Verbindung gebracht und verglichen wird. Heute, wo man so qualitätsblind geworden ist, da ist es doppelt schwer, den Unterschied gewahr zu werden, der zwischen der Biographie eines Menschen und der eines Tierwesens liegt. Man muß dafür erst ein Organ bekommen, wie das, was dem Tier begegnet, was dem Individuum Tier zustößt, etwas ist, was jedem Individuum dieser Art auch zustoßen könnte, was nicht in Verbindung steht mit diesem Individuum, sondern was als allgemeines Schicksal die ganze Art trifft. Wenn Sie das Schicksal eines Hundeindividuums sich zur Kenntnis bringen, finden Sie darin gewiß individuelle Züge; aber *sie sind insofern typisch, weil sie einem anderen Hund auch begegnet sein könnten.* Es ist charakteristisch für die Art Hund, daß das Individuum diese Erlebnisse haben kann. Dies zu erkennen, setzt den Menschen mit dem Tier in innerliches Mitempfinden, was auch Mitleid mit dem Tier erregen kann. Denn der Mensch fühlt, daß dieses Gruppenschicksal über das Tier verhängt ist, daß das einzelne Individuum von diesem Gruppenschicksal ohne Rücksicht getroffen wird. Hätte ein anderes Individuum an derselben Stelle gestanden, so wäre dieselbe Schicksalswelle über es hingegangen.

Anders ist es mit dem Menschen. Wenn Sie ein Menschenschicksal studieren, dann finden Sie in dem, was dem Menschen begegnet, nicht einen einzigen Zug, der nicht in geheimer Beziehung zu der Individualität stände, um die es sich handelt. Zeichnen Sie das seelisch-geistige Porträt eines Menschen, so können Sie nicht in einem allgemeinen Schicksal verharren. Sie werden hinausgezogen in die Außenwelt: Teile der Außenwelt gehören mit hinzu. Der Mensch begegnet ihnen oder sie ihm. Es kommt aber das Äußere des Lebens nur scheinbar von außen; es wird gerufen und beantwortet von innen.

Das wird man besonders schön und innerlich bewegend dann bemerken, wenn man sich an das Studium einer Individualität wie der Goethes macht, und wenn man buchstäblich herantreten sieht die einzelnen Phasen seines Schicksals. Dann erkennt man: der da geht, der diesen Lebensgang abschreitet, steht in geheimer Verwandtschaft mit dem, was an ihn herantritt. *Was herantritt, trägt schon etwas von den Zügen dessen, dem es begegnet.*

Was ich versuchte, im rein Gedanklichen zu beschreiben, bekommt eine wunderbare Lebensfülle, wenn Sie es an einzelnen Beispielen sehen. Denken wir zum Beispiel an Goethe auf der italienischen Reise. Auf dem Judenkirchhof in Venedig stößt er mit seinem Begleiter auf einen Schafsschädel, der im Sand liegt. Sein Begleiter hebt ihn im Scherz auf und spricht von dem «alten Judenkopf», den er gefunden hat. Goethe betrachtet das Gebilde und sieht auf den ersten Blick, daß etwas Ungeheures sich an diesem Tierschädel offenbart: er ist gesprengt, durch Zufall in drei Teile zerbrochen, einen vorde ren, mittleren und hinteren. Goethe sieht, daß da ein geheimes Gesetz ans Tageslicht getreten ist, jetzt und eben vor ihm. Wenn man ihn da im Geiste stehen sieht mit diesem «Schöpsenschädel», wenn man dann sieht, was später zur Metamorphose des Tierschädels ausgearbeitet ist, dann versteht man: auch diese Begegnung gehört mit hinzu zu seinem Lebensgang; es gehört zu seiner Individualität, daß er auf diesen Schädel trifft. *Dieses Erlebnis sieht Goethe «ähnlich».* Dieses Gefühl hat man immer wieder: Dinge, die von außen herantreten, sehen der Individualität ähnlich, an die sie herantreten. Was diesem Menschen da geschieht, trägt die Siegelmarke seiner Individualität.

Wir alle kennen die populäre Form, wie man scherzhaft das Gesetz ausdrückt, wenn einem Menschen dies und jenes geschieht, woran sich seine Ungeschicklichkeit zeigt; man sagt dann: das kann *nur ihm passieren.* Was man so scherzhaft vom Pechvogel sagt, das trifft auch auf ernste Dinge zu; denn es ist ein allgemein menschliches Gesetz. Gerade darin liegt das Wesen des Menschen, was ihn vom Tierhaften unterscheidet: in dem *Ähnlichsehen* der Lebensereignisse spricht es sich aus. So spürt man im Studieren der Biographie irgendeines Menschen immer und immer wieder das Herantreten dessen, was sein individuelles Geschick gestaltet, was dieses Geschick herausnimmt aus dem Gruppengeschick. Je höher die Individualität steigt, desto größer ist das Herausstellen des Sonderschicksals aus dem allgemeinen. Sie werden nun eine stärkere Ahnung von dem haben, was man mit dem «Ich» bezeichnet, was den Menschen vom Tier unterscheidet. Denn *das Ich selbst ist es, das sich im Lebensgang ein Dokument aufzeichnet.*

Nun muß man eines noch hinzudenken, um das Bild eines solchen «Ich» innerlich ganz gegenwärtig zu haben. Es gilt zu erkennen, daß es nicht nur darauf ankommt, daß von außen solche «Ich-geprägten» Begegnungen sich abspielen, sondern auch darauf, was die Individualität aus solchen Begegnungen gewinnt. Nicht nur das über den Menschen Stürzende trägt die Prägung seiner Eigenheit, sondern auch das, was herausgeholt, herausgeläutert wird aus dem ihm Begegnenden und was hinübergetragen wird in das Künftige, hinübergerettet aus einer

Lebensepoche in die andere. Wir erkennen, daß das Arbeiten der Individualität, dieses Herausringen eines Schicksalsgewinns aus dem Lebensgang, bei großen Menschen sich bis in die letzten Lebensjahre ausprägt. Dieses «Nie-ganz-fertig-Sein» bis in die letzten Jahre, niemals schicksalsmäßig «Gesättigtsein», dieses ewige Suchen nach dem, was aus dem Lebensschicksal dem inneren Wesenskern als Nahrung zufließt, das ist das Bewundernswerte an einem Menschen wie Goethe bis ins höchste Alter. Das zeichnet eine solche Individualität aus. Da wächst, selbst wo der Körper schon in Verfall tritt, ja, je mehr die Gestalt gebückt geht und nur noch das Auge leuchtet, im Innern etwas, was in der geistig-seelischen Haltung, in der lebendigen Geste, in dem Schein des Auges, in dem Gestalten der Worte hervorbrechen kann, und kündet von dem unsichtbaren Weiterwachsen der Individualität. Das ist das Wunderbare bei der menschlichen Metamorphose, daß sie sich abhebt von einer sichtbaren, ergreifenden Dekadenz der Leibesform, während das Wachstum im Innern sich fortsetzt und immer schöner wird. Solches Heranwachsen empfindet man *wie eine nach innen genommene seelisch-geistige Samenbildung*, die immer mehr zur Reife strebt, je mehr die hart werdende Schale des Körperlichen sich isoliert. Wir wissen, daß solch inneres Wachstum nur geschehen kann, wenn das «Ich» wach bleibt und immer von neuem mit dem ringt, was von der Sinneserfahrung her auf es zukommt.

Daß aus der Erfahrung des Sinneslebens dieses Übersinnliche seine Nahrung heraussaugt, ist bei Goethe schon in den Anfängen seines Naturforschertums zu spüren. Auf die innere Haltung, auf die Hingabe, mit der ein Mensch dem Sinnenschein entgegentritt, kommt es an, ob ihm die Erscheinungen enthüllen, was in ihnen steckt. Das ist die moralische Haltung des Forschers. Sie hat nichts zu tun mit äußerer Moralität, weil sie «Forscherernst» geworden ist, der sich darin offenbart, daß er sich immer weniger gestattet, Subjektives in das Angeschaute hineinzubringen; daß er sich bemüht, sich zu einem immer reineren Organ der Empirie zu machen. Den Gedanken finden Sie in manchen der kurzen Schriften Goethes, unter anderem in dem köstlichen Wort, wo er davon spricht, daß er üben müsse, unvoreingenommen zu schauen, und sich hüten müsse, «den Dingen eine Grille aufzuheften». Das ist es, was wir von Goethe lernen können: *Anschauen,* um aus der Empirie heraus neue Organe zu bilden.

Wenn es sich dann um die Beobachtung des *eigenen Lebensganges* handelt, dann tritt die Gefahr auf, daß man in den Ereignissen zu viel sehen will, daß man ihnen «Grillen aufheften» will; daß man in bezug auf das Schicksal anfangen will, «das Gras wachsen zu hören». Da handelt es sich darum, Goethes Ruhe aufzubringen und den Phänomenen nicht mehr ablocken zu wollen, als sie selber geben; nicht sich selber zu bespiegeln und hintersinnig zu werden. Es gilt, gerade das, was sich aus dem eigenen Lebensgang nicht so ohne weiteres anbietet, zu betrachten und im Kreis der Phänomene Gerechtigkeit walten zu lassen. Es gilt, nicht das Beliebte, was sich anbietet und gefällt, in den Vordergrund zu ziehen, und was nicht paßt, unbeachtet zu lassen oder von sich abzuschieben. Das ist die ernste Mahnung, die aus Goethes Worten immer wieder zu dem Naturforscher spricht: daß er nicht «einen Hofstaat der Phänomene» entstehen läßt, wo die, die sich anbieten und anbiedern, nach vorn kommen und die, die aufmucken, in den Hintergrund geschoben werden, sondern daß er «eine freie Republik» herrschen läßt. Selbsterkenntnis kann nicht wachsen ohne Moralität. Die «Abrechnung mit sich selbst» muß innerlich eine gerade Linie bewahren. Es ist eine ständige Gefahr, daß der Mensch, wenn er sein Unzulängliches sieht, sich in Wolken von Selbstvorwürfen hüllt und die Hauptsache vergißt: es besser zu machen. Wollüstiges Aufgehen in Selbstkritik und Selbstherabsetzung hilft ebensowenig weiter, wie wenn man Selbsterkenntnis ganz unterläßt. Wenn man aber die gerade Linie findet, weiß man auch aus eigener Erfahrung, wie inneres Wachstum errungen wir im Kampf gegen solche Gefahren.

Dann entsteht ein neues Organ, das so wie das bei der Betrachtung der Pflanzenmetamorphose sich bildende, den ätherischen Leib der Pflanze erkennende Organ und wie das beim Anschauen der Tiermetamorphose entstehende, den astralischen Leib verstehende Organ nun imstande ist, bei anderen Menschen die «Ich-Spur» gewahr zu werden. *Es entsteht ein Sinn für die Spur des Ich, ein «Ich-Spürsinn».* Rudolf Steiner hat diesen «Ich-Spürsinn» Intuition genannt; sie findet sich hinein in die Eigenart einer menschlichen Individualität.

Wie man bisher die Eigenart des Wirkens gefühlt hat als Plastisches bei der Pflanze, als niemals Ruhendes, immer Bewegliches beim Tier, so spürt man auch, wie man durch diesen Ich-Spürsinn in die Schicksalsdramatik der Menschenindividualität hineinkommt. Eine die Metamorphose der Persönlichkeit ins Moralische hinüber verfolgende und dann den Sprung durch das Moralische wieder zurück in das Physische wagende Begabung für schicksalsmäßige Dramatik ist das, wofür sich der Naturforscher, so gut es gehen mag, ein Organ erwerben muß. Goethe hatte diesen Sinn auf seine Weise, wenn auch nicht systematisch geschult, wie Rudolf Steiner es beschreibt. Im «Faust» fühlen Sie diesen Ich-Spürsinn, wo er die Grenze von Geburt und Tod durchbricht. Rudolf Steiner war imstande, das wahre Ich im geistigen Blickfeld zu behalten und zu verfolgen, wo es die zu fest gewordene Hülle des alten Menschen sprengt und nun emporsteigt als das Gebilde, das das nachtodliche Dasein überdauert.

Jetzt verstehen wir, daß eine ältere Anschauung dieses Hindurchschreiten durch den Tod immer wieder verglichen hat mit dem Entschlüpfen des Schmetterlings aus der Puppe. Dieser Vergleich tritt immer wieder hervor als Rest einer bildhaften Kenntnis. So selbstverständlich ist dieser Vergleich für den Naturforscher Goethe, der diesen Schritt sich bemüht zu gehen, daß im zweiten Teil des «Faust», im Chor seliger Knaben, gesprochen wird:

> «Freudig empfangen wir
> Diesen im Puppenstand;
> Also erlangen wir
> Englisches Unterpfand...»

Und später:

«Er überwächst uns schon
An mächtigen Gliedern,
Wird treuer Pflege Lohn
Reichlich erwidern.
Wir wurden früh entfernt
Von Lebechören;
Doch dieser hat gelernt,
Er wird uns lehren.»[52]

Das ist Realität, die bildhaft, künstlerisch durchbricht. Daß es ein wahres Bild ist, erkennen wir, wenn wir dem, was von Rudolf Steiner über die menschliche Individualität beschrieben ist, uns bemühen zu folgen.

Von da aus werden wir empfinden, was es bedeutet, daß Rudolf Steiner, der unendlich weit vorausgegangen ist, imstande war, die Ich-Spur über den Tod hinaus festzuhalten und mit diesem unerhörten Ich-Spürsinn die Abgründe der Zeit zu überspringen. Wir verstehen, daß er die geistige Leiter zurückverfolgen konnte durch das vorgeburtliche Dasein und wiederfinden konnte die vorhergehende, in einem früheren Erdendasein stehende Sprosse.

Der Naturforscher kann sich immer wieder an dem Formwandel menschlicher Persönlichkeiten schulen, den Rudolf Steiner aus seiner Intuition heraus geschildert hat. Was der Forscher zunächst nur gedanklich als Idee der wiederholten Erdenleben erfassen kann, das kann er als *Beobachtung* aufgezeichnet finden bei einem Menschen wie Rudolf Steiner, der imstande war zu zeigen, wie die Linie der Individualität – zurückverfolgt – wieder einmündet in ein anderes Erdendasein. Er wird auch erfahren, daß es unmöglich ist, aus äußerem Berechnen und Spekulieren diesen Sprung zu tun, und welche Erziehung es bedeutet, sich an den Beispielen zu schulen, die Rudolf Steiner geschildert hat. Er wird bemerken, daß das, was man spekulieren möchte, ganz und gar nicht zutrifft auf die Wandlung einer Individualität von der bisherigen zu der künftigen Persönlichkeit; daß man *einen moralischen Sinn für übermenschliche Gerechtigkeit* entwickeln muß, um über diese Sprünge hinwegzukommen. Das heißt im Sinne Rudolf Steiners die Schilderungen zu studieren, die er über die Gestaltung menschlicher Schicksale gegeben hat. Man darf als Naturforscher an diese Gestaltungen sich heranwagen. Man wird aber nicht damit zurechtkommen, wenn man sich nicht selbst in das versetzt, was zwischen Tod und neuer Geburt liegt.

Es erweist sich, daß der Mensch in dem neuen Dasein nicht als äußerlich, handgreiflich vollkommeneres Wesen aufzutreten braucht. Das liegt nicht in der moralischen Kontinuität beschlossen, daß das künftige Schicksal glücklicher und leichter ist. Es können die Aufgaben im künftigen Leben immer größere sein, und das, was getragen werden muß, kann immer schwerer werden. Das in kosmischem Sinne gerechte Schicksal bürdet dem Menschen, je stärker er ist, auch immer mehr auf.

Es kann unerhört schulend sein, wenn man solche Schilderungen auf sich wirken läßt, die das Kennzeichen absoluter Wirklichkeit an sich tragen und nichts Spekulatives. Rudolf Steiner beschreibt aus seiner Intuition heraus einen Fall, den er selbst beobachtete: daß ein Mensch in einem bestimmten Erdendasein mit verkrüppeltem, unzulänglichem Körper geboren wurde, so daß es für das Seelisch-Geistige unmöglich war, sich vollständig darin auszuprägen. Er beschreibt einen Menschen mit einem vollständig gehemmten Wesen, wo in der Kümmerlichkeit des Körpers das Ich keinen Ausdruck finden konnte; er beschreibt, was man einen Idioten nennt: ein Menschenwesen, in dem das Erbarmungswürdige des äußeren Körpergefäßes furchtbar kontrastierte mit dem, was darin rang. Und nun sagt er weiter: diese Individualität hat gerade durch das, was ihr als äußeres Unglück aufgeladen war, eine ungeheure Aufgabe bekommen. Sie holte aus diesem Leben alles heraus, was an Zerknirschung, Resignation, Ungerechtigkeit der Menschen sich in der Seele ablud, und bildete daraus einen Wesenskern, der den Weg in ein künftiges Leben suchte, und die Antwort auf das, was als Knechtung, Mißachtung, In-die-Ecke-Gestoßenwerden sich abgeladen hatte auf diese Individualität, war, daß sie im folgenden Dasein ein großer sozialer Wohltäter der Menschheit wurde! Das ist die Antwort, die Weltenschicksalsgerechtigkeit auf dem Weg durch eine menschliche Individualität erteilt! Da verstummt alles äußerliche intellektuelle Errechnenwollen dessen, was «werden könnte...»-Ich habe mit Absicht dieses Beispiel ausgewählt, weil Sie daraus erkennen können, daß es nötig ist, den dreistufigen Schritt zu vollziehen: dieses Mitgehen mit der Wandlung von Pflanze und Tier und dann bei der Metamorphose des Menschen ein Untertauchen in die moralische Welt. Dann offenbart sich, *daß die Metamorphose beim menschlichen Ich zur Wiederverkörperung geworden ist.*

Wenn man als Naturforscher diesen Weg eingeschlagen hat, dann erkennt man auch, daß eigentlich diese Form der Metamorphose, diese durch Erdenleben hindurchschreitende und immer wieder ins moralische Gebiet tauchende Metamorphose des Menschen *das Urbild der Metamorphose* ist, daß im Menschen sich die Metamorphose in ihrer Gipfelung offenbart und daß alle anderen nur Ab- und Nachbilder dieser Metamorphose sind. Man gewahrt als Urphänomen der Metamorphose die Wiederverkörperung. Und dann muß man rückschauend die Metamorphose der anderen Reiche als untere Abbilder erkennen. Man kann zurückschauen von der moralischen Metamorphose der Wiederverkörperung auf den Hiatus bei der Metamorphose der Insekten; sie ist nur ein Abbild, ein Nachbild. Man kann sich noch eine Stufe tiefer in ein weiteres Abbild versetzen: die Metamorphose der Pflanzen, eine wundervolle, aber nicht das Moralische irgendwie streifende Formverwandlung. Endlich als unterstes Abbild in der physischen Welt, im Physikalischen unten, als letzte Form, das Gesetz von Ursache und Wirkung. Moralische Verursachung als Urbild, Tiermetamorphose als nächstes Nachbild, Pflanzenmetamorphose als zweites Nachbild, Ursache und Wirkung als letztes schattenhaftes Nachbild.

«Alles Vergängliche ist nur eine Gleichnis»[53], dieses Wort bekommt für den Naturforscher einen anderen Sinn, wenn er im Geiste Rudolf Steiners forscht. Ist man als Anthroposoph diese «geistige Leiter» hinaufgeschritten und wieder hinunter, dann weiß man, was der Kampf mit dem Engel der Empirie bedeutet. Man weiß, daß dieser Engel, der den Menschen bisweilen «mit Fäusten schlägt», ihn zuletzt auch segnen kann.

Anmerkungen

1 Vor einem Menschenalter «erholte» man sich auf ganz andere Weise: in Vergnügungsparks, auf «Bierreisen» und so weiter.
2 Siehe: Hermann Poppelbaum, Die seelischen und geistigen Untergründe des Sports, Dornach 1930, ferner das folgende Kapitel: Sport und geistige Schülerschaft.
3 Rudolf Steiner, Wie erlangt man Erkenntnisse der höheren Welten?, GA 10, Dornach 1982.
4 Ebenda, Kapitel: Bedingungen.
5 Siehe dazu Kapitel: Bewußtseinstrübung durch technische Vorgänge, insbesondere den Film.
6 Auch «Haßgesänge» bieten sich als Kraftsurrogat und Schicksalsersatz an.
7 Albert Steffen hat im dritten Akt seiner dramatischen Skizze «Der Sturz des Antichrist» (Dornach 1928) diesen Zusammenhang in künstlerischer Bildhaftigkeit dargestellt.
8 Erich Schwebsch, Der Lehrerkurs Dr. Rudolf Steiners im Goetheanum 1921, Stuttgart 1922, S. 22.
9 Rudolf Steiner, Theosophie, Einführung in übersinnliche Welterkenntnis und Menschenbestimmung, GA 9, Dornach 1987, Kapitel: Leib, Seele und Geist.
10 Genaueres siehe im Kapitel: Gedächtnis, Gedächtnispflege...
11 Rudolf Steiner, Theosophie, a. a. O., Kapitel: Wiederverkörperung des Geistes und Schicksal.
12 Ebenda.
13 Ders., Die Beantwortung von Welt- und Lebensfragen durch Anthroposophie, GA 108, Dornach 1986, Vortrag vom 18. Januar 1909 in Karlsruhe: Praktische Ausbildung des Denkens.
14 Bedeutsam ist die von W. Wundt entdeckte Begrenzung der Fassungskraft auf nur acht gleichwertige Schläge.
15 Rudolf Steiner, Praktische Ausbildung des Denkens, a. a. O.
16 Siehe dazu: Rudolf Steiner, Theosophie, a. a. O.; Wie erlangt man Erkenntnisse der höheren Welten?, a. a. O.; Die Geheimwissenschaft im Umriß, GA 13, Dornach 1989; Vom Seelenleben, in: Der Goetheanumgedanke inmitten der Kulturkrisis der Gegenwart, GA 36, Dornach 1961.
17 Dieses Beispiel erzählt Carl Unger, in: Aus der Sprache der Bewußtseinsseele, Dornach 1930.

18 Namentlich in: Wie erlangt man Erkenntnisse der höheren Welten?, a. a. O.; Theosophie, a. a. O., Kapitel: Der Pfad der Erkenntnis; Die Geheimwissenschaft im Umriß, a. a. O., Kapitel: Die Erkenntnis der höheren Welten.
19 Ders., Wie erlangt man Erkenntnisse der höheren Welten?, a. a. O., Kapitel: Die Kontrolle der Gedanken und Gefühle.
20 Siehe dazu: Ders., Theosophie, a. a. O.; Wie erlangt man Erkenntnisse der höheren Welten?, a. a. O.; Die Geheimwissenschaft im Umriß, a. a. O.; Kosmologie, Religion und Philosophie, GA 25, Dornach 1979.
21 Siehe Seite 96.
22 Wie wenige Menschen vermögen, genauer die Gestalt der ihnen «sehr bekannten» Frakturlettern anzugeben!
23 Siehe die Schilderung in: Rudolf Steiner, Kosmologie, Religion und Philosophie, a. a. O., Kapitel: Schlaferlebnisse der Seele; Initiations-Erkenntnis, GA 227, Dornach 1982, Vortrag vom 26. August 1923 in Penmaenmawr.
24 Lateinisch ganz entsprechend: con-scientia; desgl. slawisch: so-wjest.
25 Siehe voriges Kapitel.
26 Siehe hierzu: Rudolf Steiner, Die Philosophie der Freiheit, Grundzüge einer modernen Weltanschauung, GA 4, Dornach 1987; Wie erlangt man Erkenntnisse der höheren Welten?, a. a. O.; Die Geheimwissenschaft im Umriß, a. a. O.
27 Ders., Die Philosophie der Freiheit, a. a. O., Kapitel XII, Die moralische Phantasie.
28 Johann Valentin Andreae, Chymische Hochzeit: Christiani Rosenkreutz, 1459, o. O.
29 Siehe hierzu: Rudolf Steiner, Grundlinien einer Erkenntnistheorie der Goetheschen Weltanschauung, mit besonderer Rücksicht auf Schiller, GA 2, Dornach 1979.
30 Ebenda, B, 4. Feststellung des Begriffes der Erfahrung.
31 Ders., Von Seelenrätseln, GA 21, Dornach 1983, IV., 4. Ein wichtiges Merkmal der Geist-Wahrnehmung.
32 Ders., Das Johannes-Evangelium, GA 103, Dornach 1981; Das Johannes-Evangelium im Verhältnis zu den drei anderen Evangelien, besonders zu dem Lukas-Evangelium, GA 112, Dornach 1984; Das Lukas-Evangelium, GA 114, Dornach 1985; Das Matthäus-Evangelium, GA 123, Dornach 1988; Exkurse in das Gebiet des Markus-Evangeliums, GA 124, Dornach 1963.
33 Siehe hierzu: Ders., Einleitungen zu Goethes Naturwissenschaftlichen Schriften, GA 1, Dornach 1987; ferner: «Gäa-Sophia», Jahrbuch der naturwissenschaftlichen Sektion der Freien Hochschule für Geisteswissenschaft am Goetheanum, Dornach, herausgegeben von Guenther Wachsmuth, Band VI, Basel 1932.
34 Rudolf Steiner, Esoterische Betrachtungen karmischer Zusammenhänge, erster Band, GA 235, Dornach 1984, Vorträge vom 9. und 16. März 1924 in Dornach.
35 Siehe hierzu das nächste Kapitel.
36 Siehe hierzu: Rudolf Steiner, Einleitungen zu Goethes Naturwissenschaftlichen Schriften, a. a. O.; ferner: J. W. Goethe, Naturwissenschaftliche Schriften, GA 1a–e, Dornach 1975; «Gäa-Sophia», a. a. O., Band VI.

37 Goethe, Der Versuch als Vermittler von Objekt und Subjekt.
38 Siehe hierzu: Rudolf Steiner, Anthroposophie, ihre Erkenntniswurzeln und Lebensfrüchte, GA 78, Dornach 1986, Vortrag vom 1. September 1921 in Stuttgart.
39 Lorenz Oken, Lehrbuch des Systems der Naturphilosophie, Jena 1809, § 1002: «Die Pflanze ist nur eine Achse oder, da sie keinen Mittelpunkt hat, eigentlich nur ein Radius, der sein Centrum im Centro der Erde hat; das Tier ist eine Unendlichkeit von Achsen oder Radien, die in ihm selbst zusammenlaufen; die Pflanze ist ein umgekehrter Kegel, das Tier eine Unendlichkeit von Kegeln oder eine Kugel.»
40 Übersicht des Grundrisses des Systems der Naturphilosophie und der damit entstehenden Theorie der Sinne, Frankfurt a. M. 1802.
41 Zitiert nach: Goethe und Lorenz Oken. Die Wirbelmetamorphose des Schädels. Herausgegeben von H. Wohlbold, München 1924.
42 Zitiert nach Wohlbold, a. a. O., S. 26.
43 Vgl. Albert Steffen, Aphoristische Bemerkungen zu Goethes Pandora, in: «Das Goetheanum», 11. Jahrg., S. 67.
44 Material bei Wohlbold, a. a. O.
45 Aus: Goethe, Der Versuch als Vermittler von Objekt und Subjekt, Hervorhebung von H. P.
46 Siehe: Hermann Poppelbaum, Mensch und Tier. Fünf Einblicke in ihren Wesensunterschied, Dornach, 7. Aufl. 1975.
47 In einem Aufsatz über Spengler, in: Rudolf Steiner, Der Goetheanumgedanke, Gesammelte Aufsätze 1921–1925, GA 36, Dornach 1961, Spenglers «Welthistorische Perspektiven», Aufsatz vom 13. August 1922.
48 Ders., Metamorphosen des Seelenlebens – Pfade der Seelenerlebnisse, erster Teil, GA 58, Dornach 1984, Vortrag vom 21. Oktober 1909 in Berlin: Die Mission des Zornes.
49 Siehe hierzu: Ders., Einleitungen zu Goethes Naturwissenschaftlichen Schriften, a. a. O.
50 Besonders mit Rudolf Steiners Anmerkungen zu Goethes Naturwissenschaftlichen Schriften.
51 «Missing link» war der Ausdruck, den Haeckel für das lange gesuchte Zwischenglied zwischen Mensch und Affe brauchte. Er glaubte, es im «Pithecanthropus» gefunden zu haben. Rudolf Steiner sagt also hier, daß das Suchen von Zwischengliedern von der eigentlichen Aufgabe der Morphologie *weg*führe.
52 Goethe, Faust, zweiter Teil, Bergschluchten.
53 Ebenda.